La familia, base de una nación

Elizabeth L. Youmans, Ed.D • Jill C. Thrift, Ph.D • Scott D. Allen

La familia,

base

de una nación

Principios y costumbres para edificar familias sanas

CHRYSALIS
INTERNATIONAL

EDITORIAL
JUCUM
P.O. BOX 1138 TYLER, TX 75710-1138

Disciple
Nations
Alliance
Founded by:
Harvest and Food for
the Hungry International

Editorial JUCUM forma parte de Juventud con una Misión, una organización de carácter internacional.

Si desea un catálogo gratuito de nuestros libros y otros productos, solicítelo por escrito
o por teléfono a:

Editorial JUCUM
P. O. Box 1138, Tyler, TX 75710-1138 U.S.A.
E-Mail: info@editorialjucum.com
Teléfono: (903) 882-4725
www.editorialjucum.com

Dedicamos este libro a Danny Apparao Adames; a sus padres, Smita Donthamsetty y Danny Johel Adames; a nuestros hijos y nietos; y a las futuras generaciones de jóvenes en todo el mundo, para que puedan aprender estos principios y contribuir así a la restauración y sanidad de sus naciones.

Como estadounidenses, los autores de este libro participamos de un legado de carácter y conciencia cristianos que impartimos a los jóvenes en la familia. Nuestra oración es que Dios reforme a las familias cristianas y a través de ellas restaure nuestro querido país y lo devuelva a su origen cristiano.

La justicia engrandece a la nación,
pero el pecado es afrenta para los pueblos.
(Proverbios 14:34)

INDICE

PREFACIO

La idea germinal de este libro fue inspirada en 2007 a petición de padres latinoamericanos, cuyos niños estaban participando en nuestros Programas AMO®. Cuando fueron testigos de cambios notables en la conducta, habla e intereses de sus hijos, nos pidieron un recurso que les enseñara las mismas verdades bíblicas que sus hijos estaban aprendiendo. La idea se concretó en un coloquio que mantuve con Scott Allen, presidente de Disciple Nations Alliance (Alianza para el Discipulado de las Naciones), entonces decidimos incluir principios de matrimonio y paternidad piadosos. DNA y Chrysalis son ministerios internacionales que operan basados en la misma escuela de pensamiento cristiano. DNA enseña la función estratégica que cumplen las iglesias en la transformación social y cultural, y Chrysalis enseña el lugar de Dios en la educación y el discipulado de las naciones. Ambos son ministerios de enseñanza e instrucción con creencias fundamentales similares y ambos educan a la iglesia y a los líderes de la comunidad para lograr una transformación social y cultural. En aquel coloquio se sugirió colaborar en un libro que sirviera al propósito de ambos ministerios. Invitamos a nuestra colega, la educadora Jill Thrift, a trabajar con nosotros en estos escritos. El lector podrá escuchar tres voces distintas a lo largo de los capítulos que se complementan en un solo mensaje. Creemos que el libro se ha enriquecido gracias a nuestra labor conjunta y rogamos a Dios que lo use como herramienta para edificar familias sanas en el Cuerpo de Cristo por todo el mundo.

Elizabeth L. Youmans

INTRODUCCIÓN

La familia moderna está en crisis en todo el mundo. La familia, tal como Dios la instituyó, por lo general, se ha derrumbado. El matrimonio y la familia nuclear han sido redefinidos en el siglo XXI, y nuestros hijos se están educando en la cultura de la muerte. Por cultura entendemos el marco histórico y el contexto social de ideas y costumbres en los que la Iglesia proclama y vive el evangelio de Cristo. ¿Dónde se percibe la influencia de la familia bíblica en nuestra cultura? ¿Dónde está la luz de Jesucristo en nuestras instituciones? Da la sensación que la Iglesia es cautiva de la cultura postmoderna, su indiferencia a su contexto cultural contribuye a que éste se extienda a la Iglesia y la familia. Tristemente, muchas familias cristianas están siendo erosionadas por esta influencia y ofrecen escaso contraste con las familias seculares. La guerra actual es espiritual y cultural: una guerra de ideas y costumbres que Satanás dirime en el campo de batalla de la mente y el corazón del creyente. Una batalla acerca de los principios rectores y hábitos de la mente y el corazón que informan la manera en que entendemos el mundo y el lugar que ocupamos en él.

Dios estableció la familia como roca firme de la sociedad, como bloque fundamental para edificar las naciones. De las doce tribus descendientes de la familia de Abraham, Él levantó una nación poderosa en medio de la cultura oscura y la idolatría que les rodeaban. Él entregó a su pueblo escogido sus leyes morales y ceremoniales con las que edificar una cultura piadosa. Consagró a su pueblo y apartó a Israel para que fuera luz en medio de las naciones gentiles, para que su salvación alcanzara hasta los confines de la tierra (Is 46:6). Dios comisionó a los padres a impartir esta herencia de piedad a la siguiente generación a través de sus vidas y su enseñanza. Pero ellos añoraban ser como las naciones paganas que les circundaban y cambiaron la verdad de Dios por una mentira. Durante un tiempo de gran declive moral, Jeremías les retó a volver a las antiguas sendas de Dios.

Así dice el Señor: Paraos en los caminos y mirad, y preguntad por los senderos antiguos cuál es el buen camino, y andad por él; y hallaréis descanso para vuestras almas. Pero dijeron: «No andaremos en él». (Jer 6:16).

11

El rol de la iglesia en la educación de la nación

Las familias sanas producen naciones sanas. Las familias sanas son fruto de la enseñanza bíblica y la práctica intencional de los propósitos y principios de Dios para el matrimonio y la paternidad. Este es el rol de la Iglesia: equipar a las familias con enseñanza cristiana sana y coherente para que éstas puedan ser sal y luz en sus comunidades. En tanto Juan Calvino predicó y enseñó a las familias de su iglesia, en el siglo XVI, línea tras línea, precepto sobre precepto, inició una «reforma en la familia». Su capacidad para articular la majestad de Dios y la suficiencia de las Escrituras para todos los aspectos de la vida familiar dio a luz una reforma que no sólo transformó a la ciudad de Ginebra y a todas sus instituciones, sino que también lo hizo con los países europeos del norte e influyó enormemente en los ideales y estilos de vida de las familias fundadoras de los Estados Unidos.

Conocido como «el pueblo de la Palabra», los peregrinos y los puritanos cruzaron el Atlántico para establecer una cultura en la que los principios bíblicos rigieran la familia y la vida comunitaria y social. Cuando el pueblo de Dios retorna a sus sendas antiguas y aplica los principios bíblicos a la vida personal y familiar, las personas, las familias, las comunidades y las naciones son transformadas.

La recuperación de una visión de la familia para educar naciones sanas

La Iglesia ha perdido hoy, en buena medida, esta visión. El cristianismo ya no desafía los hábitos y costumbres del corazón y la mente con la doctrina cristiana, sino que está dominado por los hábitos de pensamiento y las costumbres de la cultura que le rodea. Se nos engaña para hacernos creer que las sendas antiguas son irrelevantes para la modernidad, y que el estilo de vida y la predicación de Juan Calvino y de Martin Lutero no tienen nada que ver con los asuntos complejos postmodernos. Pero ¡nada hay más lejos de la verdad! Jesucristo es el mismo ayer, hoy y por los siglos (Heb 13:8). Su Palabra está viva, es activa y más cortante que una espada de doble filo. La sabiduría y los caminos de Dios no han cambiado, su Palabra viva y eterna prevalece poderosa y ofrece respuestas seguras a los desafíos actuales.

Donde no hay visión, el pueblo se desenfrena (Pr 29:18). Este empobrecimiento es evidente en el mundo cristiano. Muchas familias cristianas viven en crisis y desesperanzadas. Una mayoría de hijos de familias cristianas son educados en escuelas estatales que enseñan una concepción anti cristiana del mundo y de la vida. Los padres carecen de visión bíblica en pos de la integridad de la vida matrimonial y familiar y relegan la educación espiritual de sus hijos a extraños. Nuestros países claman por la luz de la Escritura que transforme hogares y corazones.

SEÑOR, muéstrame tus caminos, y enséñame tus sendas.
Guíame en tu verdad y enséñame, porque tú eres el Dios de mi salvación;
Acuérdate, oh SEÑOR, de tu compasión y de tus misericordias, que son eternas.
Acuérdate de mí conforme a tu misericordia, por tu bondad,
Todas las sendas del SEÑOR son misericordia y verdad
Para aquellos que guardan su pacto y sus testimonios.
(Sal 25:4-10)

Un manual de principios y costumbres

Este libro ha sido escrito para las familias con quienes mantenemos relaciones en todo el mundo. Es un manual o «libro básico» que trata de retar la cosmovisión del lector e inspirarle a razonar con la revelación de la Palabra de Dios y aplicar la verdad a su vida. Cada capítulo plantea cuestiones, sugiere aplicaciones y proporciona asignaciones factibles para estimular un cambio real. Por tanto, se puede usar en un tiempo de devoción privada o en un grupo de estudio formado por marido y mujer.

El contenido se presenta en principios. Un principio es una verdad fundacional. Es el origen o agente de causa. Un principio es como una semilla que contiene en su vaina todo lo necesario para reproducirse dadas las condiciones adecuadas de terreno y temperatura. La ventaja de comunicar o enseñar con principios es que el material no es específico para una edad determinada. Una vez definidas las palabras clave, el principio se puede enseñar y aplicar a cualquier esfera o disciplina. La Palabra de Dios está llena de principios, verdades eternas que tienen poder para renovar mentes y transformar actos.

Oramos a Dios para que los principios de este libro generen una visión renovada de familia bíblica para cada lector. Que la luz de la Palabra de Dios y el fuego del Espíritu Santo le capacite para recibir y aplicar la verdad a su matrimonio y su vida familiar. Póngase toda la armadura de Dios. Tome la espada del Espíritu. Discierna y derribe todo ídolo y toda fortaleza que haya en su cultura. Retorne a las sendas antiguas del Señor y restaure la integridad y la salud a su hogar, su comunidad y su nación.

Todos tus hijos serán enseñados por el SEÑOR, Y grande será el bienestar de tus hijos. (Is 54:13)

Elizabeth L. Youmans

CAPÍTULO 1

MATRIMONIO, FAMILIA Y COSMOVISIÓN

Este libro examina los temas entretejidos del matrimonio, la familia y la crianza de los hijos. Todos hemos sido profundamente moldeados por una densa red de relaciones familiares. Nuestra propia identidad se basa en el contexto de esas relaciones. Yo no sólo soy el individuo Scott, además soy el marido de Kim, el padre de Kaila, Jenna, Luke, Isaac y Annelise, el hijo de Dale y Margaret, el hermano de Craig y Susan, el nieto de Harry y Mabel, etcétera.

No se me puede conocer cabalmente aparte de estas relaciones. Además, la salud y la prosperidad o la descomposición y la disolución de nuestros países vienen más determinadas por lo que sucede en estas relaciones que por cualquier otro factor. Puesto que estas relaciones son tan importantes, es vital entender lo que la Biblia enseña al respecto y procurar que su verdad sea nuestro seguro fundamento.

No obstante, muchos de nosotros hemos descuidado pensar bíblicamente acerca del matrimonio y la familia. Debido a la familiaridad cotidiana de estas relaciones, hay una tendencia a tomarlas por sentado. Nuestras creencias, valores y conductas relacionadas con el matrimonio y la familia descansan sobre una montaña de presunciones que hemos absorbido de nuestros padres, amigos, maestros, medios de comunicación y cultura circundante en general. Esta fue mi historia. Me di cuenta de esto al principio de mi vida matrimonial cuando un amigo no cristiano decidió «irse a vivir» con su novia en vez de casarse. Hoy, la práctica de la cohabitación es muy común en Estados Unidos y Europa e inclusive en América Latina. Cuando puse en tela de juicio su decisión, mi amigo me respondió: «¿por qué *habría* de casarme? Muchos de mis amigos casados ya se han divorciado. No merece la pena. ¿Por qué no vivir juntos y evitar las disputas y los gastos de la boda, los votos y los quebraderos de cabeza legales si decidimos separarnos?» Como cristiano, yo sabía que cohabitar no era correcto, pero carecía de una clara respuesta bíblica a esta cuestión básica. De manera que empecé por primera vez a pensar críticamente acerca de estas cosas: ¿Por qué la gente debe casarse y no simplemente cohabitar? ¿Cuál es el *propósito* del matrimonio? ¿Qué acerca de los hijos? ¿Qué enseña la Biblia acerca de los hijos y de su crianza? Cuando me puse a pensar en estos asuntos me di cuenta de que mi pensamiento estaba más influido por mi cultura que por la Biblia. Pero, ¿cómo podía ser esto? Yo me consideraba un cristiano comprometido. No obstante, estos temas apenas se trataron durante mi discipulado cristiano, ni siquiera recuerdo haber oído muchos sermones que se ocuparan de estas cuestiones básicas. A este respecto, no puedo recordar si estos asuntos se trataron en las sesiones de consejo de preparación prematrimonial. Lo que sí recuerdo son coloquios agradables, guiados, destinados a una mejor comprensión de la personalidad de mi novia y formas prácticas en las que podríamos cultivar una relación armoniosa entre esposos. No hay nada malo en esto, pero las cuestiones más profundas fueron pasadas por alto.

Desde entonces he comprendido que este problema es mucho más grande de lo que pensaba. Hemos perdido en gran medida la cosmovisión bíblica del matrimonio y la familia y, en consecuencia, la forma de entender estas relaciones tan básicas e importantes se conforma más a las normas, costumbres y valores de la cultura que nos envuelve que a lo que enseña la Biblia. Como seres sociales, somos profundamente influidos por la cultura en la que crecemos. No obstante, como cristianos, somos llamados a pensar de distinta manera. Somos llamados a ocupar la cultura del reino de Dios y a pensar con «la mente de Cristo» (2 Co 2:16). Somos llamados a «*poner todo pensamiento en cautiverio*» (2 Co 10:5) y a «*ser transformados mediante la renovación de la mente*». En suma, somos llamados a pensar y actuar de manera distinta, no según las normas, actitudes y conductas aceptadas por la cultura circundante, sino conforme a la realidad que presenta la Palabra de Dios. Esto es importantísimo por lo que respecta a la concepción del matrimonio, la familia y la crianza de los hijos.

La verdad absoluta existe y tiene su fuente en Dios

Una asunción básica que sustenta este libro es que el concepto de verdad no es relativo, sino absoluto, «existe independientemente de cualquier otra causa».[1] Dios, por su naturaleza, y en la creación, estableció orden y las leyes naturales que gobiernan la vida. El universo refleja el gobierno ordenado y soberano de Dios. «*Tuya es, oh SEÑOR, la grandeza y el poder y la gloria y la victoria y la majestad, en verdad, todo lo que hay en los cielos y en la tierra; tuyo es el dominio, oh SEÑOR, y tú te exaltas como soberano sobre todo*» (1 Cr 29:11). La gran asunción, aceptada tanto por teólogos, como por filósofos y científicos, es que el mundo que experimentamos es un cosmos y no un caos. Es decir, la realidad posee una estructura racional que puede (al menos en parte) ser descubierta por la razón humana.[2] «*Porque lo que se conoce acerca de Dios es evidente dentro de ellos [hombres injustos], pues Dios se lo hizo evidente. Porque desde la creación del mundo, sus atributos invisibles, su eterno poder y divinidad, se han visto con toda claridad, siendo entendidos por medio de lo creado, de manera que no tienen excusa*» (Romanos 1:19, 20).

Dios dio al hombre la capacidad de conocer la verdad y la responsabilidad de responder a ella

El hombre, corona de la creación de Dios, está dotado de la capacidad singular de razonar. Dios creó la mente humana y espera que sea aplicada virtuosamente en la vida. Jesús dijo: «*Amarás al señor tu Dios con todo tu corazón, y con toda tu alma, y con toda tu fuerza, y con toda tu mente; y a tu prójimo como a ti mismo*» (Lc 10:27), énfasis añadido.

El hombre ha de crear cultura a partir de la creación que Dios proveyó

Elaboraremos con más detalle este punto en el capítulo cuatro, pero aquí sólo notaremos la advertencia bíblica dada en Génesis 1:28, «llenad la tierra y sojuzgadla», así como Génesis 2:15: *«Entonces el SEÑOR Dios tomó al hombre y lo puso en el huerto del Edén, para que lo cultivara y lo cuidara».* Las culturas no se materializan de la nada; son producto de la creatividad humana. Todos los elementos de las culturas humanas —comercio, ciencia, educación, política, arte— brotan de la mente de los seres humanos creados a imagen de Dios. En nuestro mundo caído, en mayor o menor medida, las culturas que creamos ora honran a Dios, ora deshonran su directiva para la vida humana.

cultura (n.) La suma total de estilos de vida desplegados por un grupo de seres humanos y transmitidos de una generación a otra.[3]

Satanás actúa a través de la cultura para esclavizar y destruir

Satanás es un mentiroso y emplea mentiras para destruir vidas y culturas. Juan 8:44 anuncia que *«Él [Satanás] fue un homicida desde el principio, y no se ha mantenido en la verdad porque no hay verdad en él. Cuando habla mentira, habla de su propia naturaleza, porque es mentiroso y el padre de la mentira».* Usa la mentira para engañar y destruir, no sólo a los individuos, sino a naciones enteras. Apocalipsis 20:3 anuncia que al final de los tiempos Satanás será arrojado en el abismo para impedir que siga engañando a las naciones.

Satanás engaña a las naciones actuando sobre las asunciones fundacionales de la cosmovisión que conforma una cultura. En el Nuevo Testamento, estos supuestos fundacionales falsos son llamados *«principios básicos de este mundo»* que son contrarios a la verdad de la Palabra de Dios. En Col 2:20, el apóstol Pablo advierte a los seguidores de Cristo: *«Si habéis muerto con Cristo a los principios elementales del mundo, ¿por qué, como si aún vivierais en el mundo, os sometéis a [sus] preceptos…?».* En un pasaje similar, Gá 4:9, Pablo declara: *«Pero ahora que conocéis a Dios, o más bien, que sois conocidos por Dios, ¿cómo es que os volvéis otra vez a las cosas débiles, inútiles y elementales, a las cuales deseáis volver a estar esclavizados de nuevo?».* En ambos pasajes, Pablo emplea la expresión «principios básicos» para referirse a los supuestos y asunciones falsos que usa Satanás para esclavizar a personas y naciones. Satanás actúa a través de los principios elementales de la cultura para esclavizar y destruir. Todas las naciones —todas las culturas— se asemejan a un árbol. El árbol será sano y fructífero cuando esté plantado en el terreno fértil de la verdad de Dios. Sin embargo, Satanás hace su obra como destructor de naciones sustituyendo la verdad por la mentira a ras de suelo. Cuanta más verdad haya en la tierra, más sana será la nación. Cuanto más mentiras, más débil será, y si las mentiras son enormes, la nación perecerá.

Cultivo de culturas sanas

MENTIRA Mentiras que una cultura acepta como verdad

V Verdad que abraza la cultura
Principios de la ética del desarrollo

PRINCIPIO 1:
La cosmovisión que abrazamos establece nuestras creencias, valores y comportamientos.

Todo el mundo abraza una cosmovisión más o menos coherente que les ayuda a entender y dar sentido a las cosas. Nuestra cosmovisión es la suma total de las asunciones que sostenemos, consciente o inconscientemente, y que conforman nuestra visión de la realidad. Estas asunciones o supuestos se acumulan desde nuestros primeros días, nos fueron implantadas por nuestros padres, hermanos, y más adelante por amigos, maestros, medios de comunicación (libros, televisión, etc.) y por las instituciones sociales —educativas,

cosmovisión (n.) Equivale a la Weltanschauung en lengua alemana: concepción global o imagen del universo y relación de la humanidad con él.[4]

económicas, religiosas o políticas—. Funcionan como lentes a través de las cuales vemos el mundo de igual manera que las gafas modifican las cosas que vemos. No cambian los objetos a la vista, sino la percepción de los mismos. En palabras del profesor Phillip Johnson:

> Entender una cosmovisión es como intentar ver la lente que usa el propio ojo. Normalmente, uno no ve su propia cosmovisión, sino todo lo demás a través de ella. Dicho sencillamente, nuestra cosmovisión es la ventana desde la que contemplamos el mundo y decidimos, a menudo subconscientemente, lo que es real e importante, o irreal e irrelevante... Nuestra cosmovisión rige nuestra forma de pensar aun cuando —o precisamente entonces— no seamos conscientes de ello.[5]

Como aclara el profesor Johnson, las cosmovisiones son muy importantes; ciertamente, pueden ser lo más trascendental, lo que acarrea mayores consecuencias para nosotros, porque ejercen poder sobre nuestra vida. «Gobiernan nuestro pensamiento» aunque no seamos conscientes de ello. Son importantes porque nos proporcionan respuestas relativas a las «grandes cuestiones», incluidas las que tienen que ver con el matrimonio y la familia. ¿Debo casarme? ¿Cuál es el propósito del matrimonio? ¿Debo tener hijos? Si es así, ¿cuántos y cómo debería criarles?

> cosmovisión bíblica, la cosmovisión que concuerda con las Escrituras, es decir, que reconoce el derecho que tiene Dios sobre la creación y el hombre.

Aplicación de este principio en su vida

Pida a Dios que su cosmovisión se conforme con su Palabra mientras lee este libro. Aunque este libro sólo trata una cosmovisión relacionada con la familia, hay excelentes programas y recursos disponibles para los cristianos que desean que su cosmovisión general sea bíblica. (Véanse recursos al final de este capítulo.) Muchos cristianos se sorprenden por cuanto algunos de sus puntos de vista se oponen a las Escrituras. Todos podemos desarrollar una cosmovisión bíblica más plena.

PRINCIPIO 2:
La cosmovisión dominante de una sociedad conforma su cultura

Las cosmovisiones influyen a las personas, pero también actúan colectivamente. En cualquier comunidad (sociedad o nación) *prevalece* una cosmovisión, que se establece, se sostiene y se refuerza por los que lideran el pensamiento de una sociedad —en particular, líderes influyentes en ámbitos como la religión, la educación, el gobierno y los medios de comunicación—. Estos líderes de ideas actúan como «guardianes» culturales que aprovechan su posición de influencia para reforzar ciertas ideas, creencias, valores y normas y excluir otros. Por ejemplo, en EEUU, aunque una mayoría de la población se identifique como cristiana, la cultura se ha secularizado. Esto ha sucedido porque, en el transcurso de los años, las élites influyentes y los guardianes culturales se han adherido mayormente a una cosmovisión secular, materialista. Una vez que las asunciones conceptuales de las élites se «institucionalizan», influyen virtualmente en todos los miembros que componen la sociedad. Todos nosotros somos conformados más profundamente por la cultura circundante de lo que nos damos cuenta. Si ha vivido la experiencia de pasar un tiempo considerable en un país extranjero, sabrá exactamente a qué me refiero.

Aplicación de este principio en su vida

Escriba tres maneras en las que sus creencias como cristiano difieren de las creencias prevalecientes en el país en que vive. Pida a Dios que le ayude a discernir áreas en las que su cosmovisión procede de su cultura y no de la Biblia.

La cosmovisión dominante conforma la cultura

PRINCIPIO 3:
El sexismo destruye el matrimonio y la familia

La mentira del sexismo consiste sencillamente en esto: los hombres son superiores a las mujeres o son más valiosos que éstas. Satanás ha entretejido este «principio básico del mundo» en el tejido social de casi todas las naciones con consecuencias devastadoras. Cuando esta mentira arraiga en una cultura, moldea sus instituciones, incluidas el matrimonio y la familia. Cuando los maridos creen que son superiores a sus esposas e hijas, ejercen la autoridad como poder bruto. Tratan a las mujeres como si fueran de su propiedad —poco menos que esclavas—. No es ninguna exageración afirmar que esta mentira bien pudiera ser la mayor fuente de pobreza en el mundo actual. En una conferencia celebrada en Ruanda sobre el tema de las actitudes del hombre para con la mujer, un participante proclamó sin ningún rubor que «los verdaderos hombres golpean a sus mujeres». Un proverbio cultural coreano reza: «El pescado seco y las mujeres son mejores después de sacudidos». En Pakistán, entre el 70 y el 90 por ciento de mujeres han sufrido abusos físicos de sus maridos. En todo el mundo, entre el 20 y el 25 por ciento de mujeres son víctimas de la violencia doméstica y una de cada siete será violada en su vida. Otros 2,5 millones de mujeres son forzadas cada año a la esclavitud sexual. En Estados Unidos, la industria de la pornografía alcanza un volumen de negocio anual aproximado de 12.000 millones de dólares, más ingresos anuales que todos los deportes profesionales juntos. En la India, son abortadas entre dos y cinco millones de niñas cada año. Una clínica abortiva india anuncia: «Es mejor gastar 38 dólares ahora para extirpar un feto femenino que 3.800 más adelante para pagar su dote». Los investigadores estiman que faltan en el mundo 100 millones de mujeres. Son las víctimas de la violencia doméstica y de los abortos selectivos en razón del sexo. ¿Cuál es la raíz de esta destrucción masiva? La mentira entretejida por Satanás en el tejido básico de la cultura; que los hombres son más valiosos, más importantes, superiores a las mujeres.

Aplicación de este principio en su vida

Pida a Dios que le revele áreas de su corazón en las que ha arraigado el sexismo. Esta mentira ha lavado el cerebro tanto de los hombres como de las mujeres. La Palabra y el Espíritu de Dios pueden liberarnos si procuramos sinceramente conocer la verdad y nos arrepentimos de creer esta mentira, y de las actitudes, palabras y actos destructivos basados en el sexismo.

PRINCIPIO 4:
El secularismo destruye el matrimonio y la familia

En el núcleo del secularismo se asienta la creencia de que el conocimiento se obtiene exclusivamente a través de la percepción sensorial —lo que se ve, se oye y se toca, se saborea y se siente—. Es decir, que el conocimiento sólo se adquiere mediante indagación científica. Dado que la ciencia se ocupa del ámbito físico o material, no puede explicar la realidad no física o espiritual. La «mentira» del secularismo es que Dios y la moralidad no sólo están más allá del ámbito de estudio científico, sino que, en realidad, son irreales e ilusorios. Para los que están atrapados en una cosmovisión secular, el ámbito espiritual no existe realmente. No hay Dios en los cielos y no hay alma o espíritu en el hombre. Si Dios no existe y si el hombre carece de alma —si sólo somos productos de un proceso evolutivo sin sentido—, entonces la vida no tiene propósito y la moralidad carece de fundamento. En última instancia, ya no existe bien o mal, verdad o falsedad. Si la gente decide creer o imaginar la ficción de que existe un «Dios» para ayudarles a lidiar con las inseguridades de la vida, es cosa suya, pero estas elecciones personales, subjetivas, no se sostienen en la arena pública del gobierno, el derecho, la empresa o la educación.

Las raíces del secularismo se pueden rastrear en Grecia y Roma, pero el secularismo moderno alcanzó su «mayoría de edad» durante la Ilustración europea del siglo XVIII, periodo en el que el método científico moderno fue perfeccionado con resultados notables. Grandes misterios del funcionamiento interno del universo se resolvieron a una velocidad asombrosa. En consecuencia, comenzó a emerger una creencia: el hombre podía entender el cosmos exclusivamente basado en la ciencia y la razón. No había necesidad de apelar a Dios, a la revelación divina o a la autoridad de la iglesia. Para los pensadores de la Ilustración, estas ideas anticuadas eran vestigios del «oscurantismo medieval» cargado de superstición, intolerancia y guerras de religión. Actualmente, el secularismo ha venido a ser lo que la autora Nancy Pearcey denomina la ideología dominante de nuestro tiempo».[6] Es promulgado por las élites urbanas que ostentan cargos influyentes en instituciones culturales claves. Como tales, son los que proporcionan la definición «oficial» de la realidad. En suma, sirven como guardianes de las puertas de la sociedad y ocupan posiciones desde las que imponen una cosmovisión secular sobre toda la sociedad.[7]

Satanás emplea la mentira que subyace en el núcleo del secularismo para destruir matrimonios y familias. Si Dios no existe, el matrimonio no es más que una institución humana sin otro propósito que el que la gente quiera asignarle. Somos libres de «reformularlo» como queramos, o incluso descartarlo por completo. Y la reformulación y el abandono del matrimonio tradicional es exactamente lo que está sucediendo en Occidente. Los matrimonios del mismo sexo son hoy legalmente reconocidos en varios países europeos, Canadá, partes de Estados Unidos y algunos países latinoamericanos. Más del 50 por ciento de matrimonios acaban en divorcio en EEUU y más del 65 por ciento en Rusia. Por causa del secularismo y de la revolución sexual que brotó en ese terreno, el sexo se ha desligado del matrimonio y la reproducción. El sexo, como el matrimonio, pierde todo sentido o propósito más allá de la gratificación personal. Pasa a ser poco más que un espectáculo deportivo. Hoy, por todo el Occidente secularizado, los jóvenes optan por el emparejamiento fuera del matrimonio. Según un dato reciente del Pew Reseach Center, «el porcentaje de personas entre 33 y 44 años que cohabitan sin estar casados se ha doblado desde mediados de los «90».[8] Esto concuerda con otro dato inquietante: en 2011, solo un 51 por ciento de adultos estadounidenses estaban casados. Esta es la menor tasa de matrimonios registrada en EEUU en toda la historia.[9] En 1960, más de dos terceras partes (68 por ciento) de adultos estadounidenses entre veinte y treinta años estaban casados. En 2008, esa cifra había descendido hasta el 26 por ciento.[10]

Esta evolución es inquietante. La investigación social informa que es menos probable que sigan juntas las parejas que cohabitan que las casadas. Es más probable que experimenten ataques, depresiones y abortos. Y los hijos de las parejas no casadas sufren proporcionalmente. No sólo destruye el secularismo el matrimonio, sino también la familia. Una población estable requiere una tasa de natalidad de 2,1 nacimientos por mujer. Cuando la tasa de nacimientos de una sociedad cae por debajo de 1,3 es imposible que se recupere —básicamente, la sociedad se extingue—. Por causa de la desintegración de matrimonios en todo el Occidente secularizado, esta tragedia se está dando delante de nuestros ojos. Grecia tiene una tasa de natalidad de 1,3. Italia de 1,2. España de 1,1. Estos países están literalmente en vías de extinción, y más pronto de lo que cabría esperar. Satanás está al acecho procurando su destrucción. Él miente a ras de las creencias culturales fundamentales, y sus mentiras han impregnado el tejido cultural y sus instituciones con consecuencias trágicas.

Aplicación de este principio en su vida

¿Cree usted que la Palabra de Dios es verdad absoluta y que debe vivir de acuerdo a su Palabra aunque el mundo circundante no lo haga? Pida a Dios que le muestre en qué ha sido influido por la actitud del mundo hacia el matrimonio, el divorcio, la intimidad sexual y los hijos. Arrepiéntase si ve que sus pensamientos y valores se han acomodado y debilitado para amoldarse a las normas de la sociedad.

Pensamientos finales

Debemos reconocer que estamos inmersos en una batalla espiritual en el plano de las creencias culturales básicas. Nuestra arma es la verdad de la Palabra de Dios, pero debemos desarrollar el hábito y la disciplina de pensar en todas las cosas de manera bíblica. Una de las mentiras más grandes de Satanás ha consistido en dividir la realidad en dos categorías: la sagrada y la secular. Los cristianos que piensan en términos de sagrado y secular tienden a aplicar las enseñanzas de la Biblia únicamente a lo que consideran que son temas sagrados o espirituales. Entre éstos, Dios, la religión, la iglesia, la salvación y la santidad personal. Todo lo demás se considera secular, incluida la política, la empresa, la economía, las artes e incluso el matrimonio y la familia. Puesto que estas cosas se consideran todas ellas seculares, los cristianos imitan equivocadamente ejemplos de la cultura circundante, sus normas y costumbres («los principios básicos de este mundo») en cuanto a su forma de pensar respecto a esas cosas. El resultado trágico es que a menudo los cristianos piensan y se comportan de manera no distinta a la de la cultura que les rodea. Debemos arrepentirnos de nuestra manera de pensar no bíblica. Debemos resistir el dividir la vida en categorías sagrada y secular. Dios es Señor de todo, no sólo de una esfera espiritual limitada. Su verdad se aplica a todas las áreas de la vida pública. Arrepentirse significa literalmente «cambiar de forma de pensar». Tenemos que cambiar de mentalidad, sustituir la forma de pensar no bíblica, la distinción sagrado-secular, por una mentalidad que reconoce el Señorío de Cristo sobre todos los aspectos y todas las cosas, que estima que la Palabra de Dios es el manual de gobierno de todas las áreas de la vida: el matrimonio, la familia y la crianza de los hijos.

A continuación le sugerimos una oración que puede hacer mientras medita en lo que acaba de leer para aplicarlo a su vida.

Querido Padre, gracias por la confianza que podemos tener en la vida si nos apoyamos en tu poderosa verdad. Perdónanos por haber descuidado beber en la fuente de tu sabiduría para guiarnos. Perdónanos por haber escuchado las mentiras de Satanás, por haber cedido al mundo la responsabilidad que tú nos encomendaste de crear una cultura piadosa. Por la obra de tu Espíritu, capacítanos para ser fieles y fructíferos en la tarea de crear culturas que te honren a ti y a tu Palabra. Amén.

Recursos adicionales

Miller, Darrow L. y Stan Guthrie. *Discipulando naciones: El poder de la verdad para transformar culturas.* Managua: Editorial JUCUM, 2001.

Allen, Scott, Darrow Miller, y Bob Moffitt. *La cosmovisión del reino de Dios.* Tyler, Texas: Editorial JUCUM, 2011.

Pearcey, Nancy. *La verdad total: La liberación del cristianismo de su cautividad cultural.* Editorial JUCUM, Tyler, Texas, 2014.

Allen, Scott. *Entre lo sagrado y lo secular.* Tyler, Texas: Editorial JUCUM, 2013.

CAPÍTULO 2

EN POS DEL DESIGNIO DE DIOS
PARA EL MATRIMONIO

¿Qué es el matrimonio? ¿Cómo definirlo? El matrimonio es la célula o unidad social más antigua, más básica y fundamental de cualquier país. Es el fundamento sobre el que se edifican las familias, en cuyo seno los hijos vienen al mundo y en el que se forma su carácter para bien o para mal. Vivimos tiempos en los que las ideas tradicionales que sostenían el matrimonio están siendo desafiadas como nunca antes. Las palabras importan, ya que constituyen los ladrillos básicos de la cultura, y la palabra «matrimonio» ha sido fundamentalmente redefinida en el último siglo. El *diccionario Encarta de la lengua inglesa* —posiblemente el diccionario más consultado en el mundo actual en lengua inglesa—, define el matrimonio de la siguiente manera: «Una relación legalmente reconocida, instituida mediante una ceremonia civil o religiosa, entre dos personas que pretenden vivir juntas como socios sexuales y domésticos».[1]

Compárese con la definición que da el Noah Webster's 1828 *American Dictionary de la lengua inglesa*:

El acto de unir un hombre y una mujer de por vida; estado matrimonial; la unión legal de un hombre y una mujer de por vida. El

27

matrimonio es un contrato civil y religioso, mediante el cual ambas partes se comprometen a vivir juntas profesándose mutuo afecto y fidelidad, hasta que la muerte las separe. El matrimonio fue instituido por Dios con el propósito de evitar relaciones promiscuas entre sexos, para promover la felicidad doméstica y para asegurar el mantenimiento y la educación de los hijos.[2]

Tómese un momento para reflexionar en la enorme distancia que separa estas dos definiciones. Actualmente, el matrimonio ha sido radicalmente secularizado —despojado de su sentido divino—. De ahí que el derrumbamiento del matrimonio al que hoy estamos asistiendo sea la consecuencia inevitable.

- El diccionario Webster's 1828 define específicamente el matrimonio entre un hombre y una mujer. El diccionario Encarta lo define como relación entre «dos personas».

- El diccionario Webster define el matrimonio como un «contrato» de por vida. El diccionario Encarta no menciona que el matrimonio sea un contrato de por vida.

- El diccionario Webster especifica claramente que el matrimonio «fue instituido por Dios». El diccionario Encarta no menciona para nada a Dios, lo que da la impresión de que el matrimonio es una institución humana y, por tanto, algo que el hombre puede reformular libremente.

- El Webster menciona que «el impedir o evitar las relaciones promiscuas entre los sexos» es uno de los propósitos clave del matrimonio. Esta idea está completamente ausente en el Encarta.

- El Webster menciona como principal propósito del matrimonio «el asegurar el mantenimiento y la educación de los hijos. El Encarta no menciona a los hijos, y menos aún su cuidado y su educación.

Como seguidores de Cristo, ¿cómo debemos responder a la disolución del matrimonio? ¿Qué hemos de hacer? Muchos de nosotros nos vemos personalmente afectados por el hundimiento del matrimonio. Podemos tener padres divorciados o estar divorciados nosotros mismos. Podemos haber hecho cosas que han herido profundamente a la esposa o los hijos. Podemos haber abortado uno o más hijos. Un número creciente de jóvenes nunca han visto un ejemplo positivo de matrimonio bíblico saludable. Como cristianos, debemos reconocer nuestra responsabilidad en este derrumbamiento. En vez de amar a otros como Jesús nos mandó (Juan 15:12), hemos pecado contra Dios y ofendido a los seres más cercanos: maridos, esposas, padres, hijos o hermanos. A menudo no hemos entendido y, por tanto, no hemos obedecido el claro designio divino y su instrucción para el matrimonio.

Pero gracias sean dadas a Dios, hay perdón disponible a través de Cristo: *«Si confesamos nuestros pecados, Él es fiel y justo para perdonarnos los pecados y para limpiarnos de toda maldad»* (1 Juan 1:9). ¿Hay pecados que usted necesita confesar a Dios y a los que ha ofendido? Dios es maravillosamente misericordioso. Promete limpiar nuestros pecados, apartarlos tan lejos como el este dista del oeste (Sal 103:12), pero antes debemos reconocer humildemente las cosas que hemos hecho personalmente en perjuicio del matrimonio y la familia. Debemos seguir el ejemplo de David, rey de Israel, quien, después de cometer adulterio con Betsabé y de planear la muerte de su marido, confesó: *«Contra ti, contra ti sólo he pecado, y he hecho lo malo delante de tus ojos»* (Sal 51:4).

Una vez que hemos confesado nuestros pecados y fracasos, tenemos que tomar una decisión. ¿Seremos barridos por las corrientes culturales destructivas o escogeremos seguir el camino de Dios? Oramos que usted escoja seguir a Dios. Si lo hace, entonces comience como hizo Josué, con este compromiso solemne: *«Pero yo y mi casa, serviremos al SEÑOR»* (Jos 24:15). Todos nosotros estamos casados, estaremos casados o conocemos gente que está casada. Necesitamos conocer el camino de Dios para el matrimonio y la familia y escogerlo conscientemente. Hoy, más que nunca, no se puede dar el matrimonio por sentado. El matrimonio bíblico no sucede automáticamente. Debe buscarse. ¡Escójalo, pues, en este día!

El matrimonio ha sido ordenado por Dios

Lo primero que cabe decir acerca del matrimonio es que es idea de Dios. Es obra suya. Él lo define. Dios estableció el matrimonio al principio del mundo.

Y dijo Dios: Hagamos al hombre a nuestra imagen, conforme a nuestra semejanza; y ejerza dominio sobre los peces del mar, sobre las aves del cielo, sobre los ganados, sobre toda la tierra, y sobre todo reptil que se arrastra sobre la tierra. Creó, pues, Dios al hombre a imagen suya, a imagen de Dios lo creó; varón y hembra los creó. Y los bendijo Dios y les dijo: Sed fecundos y multiplicaos, y llenad la tierra y sojuzgadla; ejerced dominio sobre los peces del mar, sobre las aves del cielo y sobre todo ser viviente que se mueve sobre la tierra. (Gen 1:26-28).

También hablan del matrimonio varios autores neo-testamentarios, especialmente Pedro (1 P 3:1-8) y Pablo (Ef 5:22-33; Col 3:18-19).

El matrimonio es la primera y más básica institución que Dios creó. No es casualidad que fuera la única institución social creada *antes* de la Caída. Cuando nosotros, intencionada o inintencionadamente, suscribimos cualquier otra idea de matrimonio, no la definida por Dios, las consecuencias serán *inevitablemente* destructivas. Como el influyente misionero E. Stanley Jones escribió: «Las leyes morales están profundamente empotradas en la constitución de las cosas —no las infringimos, ellas nos dañan al atropellarlas—».[3] Dado que Dios lo creó, el matrimonio es inviolable, *sagrado*. No podemos redefinirlo sin causarnos perjuicio a nosotros mismos y a otros.

El matrimonio está diseñado según las relaciones de la Trinidad

Gn 1:26-27 declara: «*Y dijo Dios: Hagamos al hombre a nuestra imagen, conforme a nuestra semejanza… Creó, pues, Dios al hombre a imagen suya, a imagen de Dios lo creó; varón y hembra los creó*». Note el plural «hagamos» y «nuestra» en referencia a Dios. La Biblia revela a Dios como «Trinidad», es decir, tres personas: Padre, Hijo y Espíritu Santo. Esta idea de tres Personas y un solo Dios resulta difícil de entender, pero es una de las doctrinas más básicas e importantes de la fe cristiana.

trinidad (n.) El único Dios verdadero existente en tres Personas —Padre, Hijo y Espíritu Santo—, una sola esencia, pero diferenciada por sus propiedades personales.

Antes de la creación, existía una relación de amor y servicio mutuo entre Dios Padre, Hijo y Espíritu Santo. Mientras estuvo en la tierra, Jesús oró al Padre de la siguiente manera: «*me has amado desde antes de la fundación del mundo*» (Juan 17:24, énfasis añadido). Antes del tiempo y de la creación, existía una comunidad de relación amorosa en la Divinidad. Nuestros anhelos humanos más profundos —amar y ser amados— están enraizados en la eterna existencia y relación de amor de la Trinidad, el Dios en cuya imagen fuimos creados. Puesto que Dios es Trino, Él decreta que la soledad del hombre «no es buena», ya que Adán por sí solo no podía reflejar la imagen de Dios. Así pues, el mismo Dios «se dispuso a completar uno de los diseños centrales de la creación, esto es, el hombre y la mujer en matrimonio».[4] Dios creó el matrimonio para reflejar (o proyectar la «imagen») la relación de la Divinidad en el plano humano. El marido y la mujer, unidos amorosamente, en carne y servicio mutuo, reflejan algo de la naturaleza misma de Dios.

El matrimonio es una unión en una sola carne entre marido y mujer

En Gn 2:18-24, se dice acerca del primer matrimonio de la historia:

Y el SEÑOR Dios dijo: No es bueno que el hombre esté solo; le haré una ayuda idónea. Y el SEÑOR Dios formó de la tierra todo animal del campo y toda ave del cielo, y los trajo al hombre para ver cómo los llamaría; y como el hombre llamó a cada ser viviente, ése fue su nombre…mas para Adán no se encontró una ayuda que fuera idónea para él. Entonces el SEÑOR Dios hizo caer un sueño profundo sobre el hombre, y éste se durmió; y Dios tomó una de sus costillas, y cerró la carne en ese lugar. Y de la costilla que el SEÑOR Dios había tomado del hombre, formó una mujer y la trajo al hombre. Y el hombre dijo: Ésta es ahora hueso de mis huesos, y carne de mi carne; ella será llamada mujer, porque del hombre fue tomada. Por tanto el hombre dejará a su padre y a su madre y se unirá a su mujer, y serán una sola carne. (Gn 2:18-24).

marido (n.) Un hombre comprometido con, o unido a, una mujer por el matrimonio.

esposa (n.) Una mujer unida a un hombre en el yugo legítimo del matrimonio; término correlativo al marido.

Aquí vemos que el matrimonio es la unión exclusiva de un hombre y una mujer. No de un hombre y *un hombre*, una mujer y *una mujer*, un hombre y *un animal*, o un hombre y *varias mujeres*. Adán y Eva, como primera pareja, cuya relación fue establecida por Dios en el jardín del Edén antes de la Caída, proporcionan el modelo y patrón de todos los matrimonios que seguirían. Dado que Dios creó a Adán y Eva como varón y hembra, la homosexualidad (o el llamado «matrimonio homosexual») queda excluido.[5] Del mismo modo, puesto que Adán «no pudo hallar ayuda idónea» para sí en los animales, la bestialidad queda excluida. Y puesto que Dios creó una sola mujer para Adán, la poligamia queda excluida y establecido el modelo de la monogamia.⁶ En Marcos, Jesús afirma y amplía Gn 2:18-24:

> *Pero desde el principio de la creación, Dios los hizo varón y hembra. Por esta razón el hombre dejara a su padre y a su madre, y los dos serán una sola carne; por consiguiente, ya no son dos, sino una sola carne. Por tanto, lo que Dios ha unido, ningún hombre lo separe.* (Marcos 10:6-9, énfasis añadido).

De nuevo aquí, vemos que *el matrimonio es obra de Dios.* Él fue quien crea, ordena y lleva a cabo esta unión «en una carne». Jesús dijo explícitamente que «Dios ha unido» a marido y mujer. Lejos de ser meramente una «relación legal reconocida entre dos personas», el matrimonio es una misteriosa unión de por vida, efectuada *por Dios,* entre un hombre y una mujer. Un pastor o sacerdote puede oficiar una ceremonia de bodas, pero es Dios quien une al marido y la mujer. En el matrimonio, todo lo que hace uno de los esposos incluye automáticamente al espíritu del otro y ejerce influencia sobre él o ella. El apóstol Pablo lo expresa de esta manera: En el matrimonio, «*La mujer no tiene autoridad sobre su propio cuerpo, sino el marido. Y asimismo el marido no tiene autoridad sobre su propio cuerpo, sino la mujer*» (1 Co 7:3-4).

El matrimonio es un pacto destinado a reflejar el pacto de Dios con su pueblo

El matrimonio implica un voto solemne o pacto entre marido y mujer. Esto también refleja la naturaleza de Dios, ya que Él es un Dios hacedor y guardador de pactos. En el Antiguo Testamento, Dios establece un pacto con su pueblo escogido de Israel: «*Y os tomaré por pueblo mío, y yo seré vuestro Dios*» (Éx 6:7, véase también Éx 29:45 y Lv 26:12). Este pacto se extiende a la iglesia —usted y yo— por medio de Cristo (Ef 2:11-22). Este es «*el nuevo pacto en mi sangre*» que Cristo proclamó en Lucas 22:20. El apóstol Pablo, en Ef 5:31-32, hace la asombrosa declaración de que el matrimonio fue creado por Dios para ser un reflejo de este Nuevo Pacto entre Cristo y su esposa, la iglesia:

pacto (n.) Un convenio o acuerdo entre dos partes que las obliga mutuamente a cumplir compromisos en favor una de la otra; una obligación por gracia asumida por Dios para beneficio y bendición de la humanidad.⁷

Por esto el hombre dejara a su padre y a su madre, y se unirá a su mujer, y los dos serán una sola carne. «Grande es este misterio, pero hablo con referencia a Cristo y a la iglesia» (énfasis añadido).

Según el pastor John Piper, «el propósito fundamental del matrimonio es exhibir la relación de pacto entre Cristo y su iglesia… un amor guardador de pacto que alcanzó su punto culminante en la muerte de Cristo por la iglesia, su esposa»[8]. Sigue diciendo que «el dejar a los padres y unirse a la esposa (o marido), para formar una sola carne, tiene que exhibir desde el principio el Nuevo Pacto —Cristo se aparta de su Padre celestial y toma a la iglesia como esposa, pagando con su vida, y uniéndose a ella en una unión espiritual perdurable».[9] La idea de que el matrimonio —todos los matrimonios— fueron destinados por Dios para reflejar la relación entre Cristo y su esposa es la *llave* que abre el misterio del matrimonio. Captar esto es entender por qué Pablo amonesta a los maridos: «*Maridos, amad a vuestras mujeres, así como Cristo amó a la iglesia y se dio a sí mismo por ella*» (Ef 5:25). Nos ayuda a entender Ef 5:23: «*Porque el marido es cabeza de la mujer, así como Cristo es cabeza de la iglesia, siendo Él mismo el Salvador del cuerpo*». Nos ayuda a entender por qué la Escritura ordena casarse con un creyente,[10] ya que es imposible que marido y mujer persigan el profundo sentido del matrimonio si uno de ellos no lo acepta. Reflexionando sobre esto, el pastor Douglas Wilson extrae algunas conclusiones juiciosas:

> Un marido debe siempre tener en cuenta que es una viva imagen del Señor Jesús. Este recordatorio es su primera obligación en el matrimonio. Dado que, como marido, un hombre habla constantemente acerca de la relación del Señor con su pueblo, debe hablar verazmente también. La manera en que un hombre trata a su esposa determina si dice o no la verdad acerca de Cristo.[11]

PRINCIPIO 1:
Dios aborrece el divorcio

Puesto que Dios instituyó la relación matrimonial para reflejar su pacto de amor con la iglesia, la Escritura presenta el divorcio como una abominación. No sólo implica romper un pacto con el cónyuge, sino, lo que es más importante, decir una mentira acerca de Cristo. Él *nunca* abandonará a su esposa.[12] Muchas parejas justifican hoy el divorcio alegando: «Ya no le amo (a él o a ella)». Pero según John Piper, «el matrimonio no es principalmente cosa de estar enamorado. Es decir la verdad con nuestra vida. Es reflejar algo verdadero acerca de Jesucristo y la manera en que Él se relaciona con su pueblo».[13] Nuestro Dios, hacedor y guardador de pactos, aborrece el divorcio (Mal 2:16). Cuando se le preguntó acerca del divorcio, Jesús dijo: *«Por tanto, lo que Dios ha unido, ningún hombre lo separe»* (Mr 10:9). La terrible destrucción y devastación que acarrea el divorcio es un testimonio de que el matrimonio, a diferencia de cualquier otra relación, ha sido singularmente «instituido» por Dios. El hecho de que las tasas de divorcio en la iglesia sean similares a las que se producen fuera de ella[14] debería impulsarnos a caer de rodillas e implorar a Dios que tenga misericordia.

Aplicación de este principio en su vida

Lea las enseñanzas de Jesús acerca del matrimonio y el divorcio (Mt 5:31-32; 19:3-12; Lc 16:18). Lea también la enseñanza de Pablo sobre el cristiano y el divorcio (1 Co 7:10-16). Pida perdón si alguno de estos textos bíblicos es aplicable a usted. Si su matrimonio pasa por dificultades, procure la ayuda de una pareja de su iglesia recomendada por su pastor. Reúnanse semanalmente con esa pareja para que les enseñen los principios bíblicos del matrimonio y compartan de su propia vida. En EEUU opera el ministerio de los Marriage Savers, que enseña a las parejas a aconsejar a otras y registra una tasa de reconciliación del 90 por ciento.[15] 2equal1 es un ministerio establecido en más de 90 países, que enseña e instruye a las parejas en sus hogares.[16]

PRINCIPIO 2:
El sexo fue creado exclusivamente para la relación matrimonial

Dios diseñó las relaciones sexuales. Él hizo que fueran intensamente placenteras. Es un don maravilloso para disfrutar, pero fue específicamente concebido para la relación matrimonial. La inmoralidad sexual —el sexo fuera del compromiso de por vida del matrimonio— es condenado constante y repetidamente en las Escrituras. El sexo ilícito conduce a grandes males, por muchas razones, principalmente por causa del vínculo entre sexo y procreación. El matrimonio sirve para impedir que las mujeres sean explotadas por hombres que de otro modo podrían disfrutar de una relación sexual temporal y después abandonar a la mujer y a los hijos que pudieran haber nacido de esa unión.[17]

Con el desarrollo relativamente reciente de medios cada vez más eficaces de control de la natalidad, el sexo se ha desligado efectivamente del matrimonio y la procreación. Esto, a su vez, ha dado licencia a todo lo relacionado con el adulterio, el sexo prematrimonial y la cohabitación —cuyas tasas han aumentado rápidamente—. Muchos de los niños engendrados mediante estas uniones no bíblicas son víctimas del aborto. La revolución sexual prometió libertad y felicidad; pero ha dejado una estela de desolación, enfermedad y vidas destruidas, matrimonios rotos y culturas moribundas, exactamente lo opuesto de lo que Dios quiso. Esto nos lleva al cuarto y último propósito para el matrimonio: la promoción de la felicidad doméstica.

Aplicación de este principio en su vida

Lea acerca de cómo ve Dios el sexo fuera del matrimonio (Éx 2:14; 1 Co 7:2; 5:1; 6:9-18; Gá 5:19; Col 3:5; 1 Ts 4:3). Pida perdón a Dios y a su cónyuge, si le ha sido infiel (Heb 13:4). Absténgase de pasatiempos que incluyan cualquier tipo de pornografía o respalden actividad sexual extramarital. Si fuere necesario, busque ministerio pastoral para obtener liberación y sanidad para permanecer sexualmente puro.

PRINCIPIO 3:
Dios diseñó el matrimonio para ser una fuente de profunda felicidad

Nuestro Dios diseñó el matrimonio para que fuera una fuente de profunda felicidad, placer y contentamiento —una aventura dadora de vida, llena de gozo, no sólo para el marido y la mujer, sino también para los hijos y la parentela—. Jesús dijo: «*El ladrón sólo viene para robar y matar y destruir; yo he venido para que tengan vida, y para que la tengan en abundancia*» (Juan 10:10). La vida matrimonial abundante se disfruta cuando se entiende y se persigue el plan y los propósitos de Dios para el matrimonio. No sorprende que un cuerpo creciente de investigadores afirme lo siguiente.

- Los hombres y las mujeres casados padecen menos depresión, menos ansiedad y niveles inferiores de otros tipos de aflicción psicológica que los solteros, divorciados o viudos.

- Un trabajo de investigación aplicado a 14.000 adultos, en un periodo de diez años, halló que el estado civil casado era uno de los factores más importantes de la felicidad.

- La salud mental de los casados mejoraba consecuente y sustancialmente.

- Algunos estudios han descubierto que el matrimonio mejora el bienestar emocional en parte porque da a las personas la sensación de que su vida tiene sentido y propósito.[18]

- Dios creó el matrimonio para nuestro bien. De modo que no sorprende que dé buenos frutos. Ciertamente, yo lo afirmo por propia experiencia.

Aplicación de este principio en su vida

Haga una lista de cosas que le producen gozo, placer y salud, en el matrimonio, así como de maneras en que le gustaría tener más contentamiento y plenitud en la vida matrimonial. Intercambie su lista con la de su cónyuge. Pregúntense y háganse sugerencias. Reúnanse con una pareja que haya estado felizmente casada por mucho tiempo y obtengan ideas de ellos. Pida a Dios que produzca en su matrimonio la plenitud de bendición que Él desea.

Pensamientos finales

Si usted está casado o desea un día casarse, espero que estas verdades hayan profundizado y elevado su visión de lo que es el matrimonio como lo han hecho en mi caso. En el próximo capítulo, exploraremos la familia como unidad de gobierno y consideraremos más profundamente los roles específicos, los deberes y las responsabilidades de los maridos y padres, y de las esposas y madres, así como de los hijos y de la familia extendida, como prescribe la Biblia. No hay más alto llamamiento que procurar un matrimonio que honre a Dios y multiplique e instruya hijos piadosos.

> Gracias Dios por el matrimonio. Pídale que lo establezca, lo confirme, lo santifique y lo guarde, para que su matrimonio sea para alabanza de su gloria. Amén. (Dietrich Bonhoeffer, *Cartas desde la prisión*)[19]

Oración sugerida:

> Querido Padre, gracias por inventar la fuerte relación humana del matrimonio. Los humanos nos enriquecemos con este don. Pero debemos confesar que hemos descuidado e incluso abandonado tu definición sagrada de matrimonio. Nuestras sociedades han creído oportuno «redefinir» el matrimonio. Incluso en las iglesias hemos fallado a menudo en sostener claramente su santidad. Crea en nosotros un corazón limpio que anhele tus principios eternos para el matrimonio entre un hombre y una mujer. Fortalece nuestros matrimonios. Establece en tu iglesia el modelo de matrimonio que te honra y restaura la norma bíblica en nuestra tierra. Amén

Recursos adicionales

Keller, Timothy. *The Meaning of Marriage: Facing the Complexity of Commitment with the Wisdom of God.* New York: Dutton Adult, 2011.

Wilson, Douglas. *Reforming Marriage.* Moscow: Canon Press, 2012.

Piper, John. *Pacto Matrimonial: Perspectiva temporal y eterna,* Tyndale Español, Illinois, 2012.

CAPÍTULO 3

EL DESIGNIO DE DIOS PARA LA FAMILIA

La familia es la institución humana más antigua y más básica.[1] Es «la célula social original en la que Dios inserta a cada persona en el nacimiento», dice el pastor y autor Philip Lancaster: «Es, para bien o para mal, el lugar donde las personas son moldeadas —su intelecto, sus valores, su carácter y sus aspiraciones— Todo lo que la persona llega a ser después depende de los factores que la forjaron en su juventud, y el hogar es el primer conformador de seres humanos.»[2]

En este capítulo, examinaremos el modelo básico de vida familiar presentado en las Escrituras junto con los roles específicos de marido, padre, esposa, madre e hijos. Dios ha provisto en su gracia abundancia de guía e instrucción en su Palabra para que sepamos funcionar como familias. Al tocar algunos pasajes bíblicos clave, nuestra meta será proporcionar un marco y un perfil general del aspecto que debe ofrecer la familia que honra a Cristo.

Dios define una estructura de autoridad para la familia, con el marido como «cabeza»

Como institución ordenada por Dios, la familia tiene una estructura de autoridad incorporada. Por decirlo llanamente, el marido es líder (o cabeza) de la esposa, y los padres son líderes de los hijos. Dios ha concedido la posición de «cabeza» al marido, pero ¿qué significa exactamente jerarquía o supremacía en la familia? Como vimos en el capítulo 2, Dios creó la institución del matrimonio para reflejar la relación de Cristo con su esposa, la iglesia. Así como Cristo es cabeza de la iglesia, el marido es cabeza de la esposa, como declara el apóstol Pablo claramente en Ef 5:23. Usando esta metáfora, Pablo subraya la responsabilidad especial del marido como líder y protector de su esposa. El pastor John Piper ofrece una útil y concisa definición de supremacía: «Supremacía es el llamado divino del marido para asumir, a modo de Cristo, un liderazgo servicial, la protección y la provisión en el hogar».[3] En suma, la supremacía no significa derecho o privilegio, sino carga y responsabilidad.

> **autoridad (n.)** El derecho a mandar o actuar. Jesús indica que la autoridad en su reino se ejerce por el servicio.

Es fundamental que los maridos entiendan que ellos no deciden ser la cabeza —¡son sencillamente líderes, lo quieran o no!—. En Ef 5:23, Pablo no afirma que los maridos *deberían* ser cabeza de sus mujeres. Dice que lo *son*. El hombre no recibe esta posición de Dios porque sea de alguna manera mejor o superior a su esposa; se le concede porque ésta es la disposición divina para el gobierno del hogar. De todo lo que sucede en la familia, la «suerte recae» sobre el marido. Dios le tiene por responsable. Su autoridad como cabeza es una *autoridad delegada*; él es un mayordomo que actúa en nombre de Dios, quien es el verdadero Señor de la casa. Esto se puede ver en el hecho de que Adán fue tenido por responsable ante Dios por caer en el pecado, aunque fuera Eva quien primero comiera del árbol. «Y el SEÑOR Dios *"llamó al hombre", y le dijo: "¿Dónde estás?"*» (Gn 3:9, énfasis añadido). Así es como funciona la autoridad de gobierno. La cabeza responde de todo lo que está bajo su autoridad.[4]

Desgraciadamente, a partir de Adán los hombres han heredado una inclinación a rehuir las exigencias de la jerarquía. Si usted es marido o padre, le insto a abrazar este supremo llamado. Al asumir este manto de liderazgo, recuerde que no está solo. Cristo, nuestro líder supremo, está con usted. Él está comprometido con su éxito y le ha prometido ser su ayuda: «*Todo lo puedo en Cristo que me fortalece*» (Fil 4:13). Apóyese en Él.

Dios desea que los que están en autoridad sean siervos responsables

Antes de la creación, la autoridad existió por la eternidad en la Trinidad. La *cabeza* de Cristo es Dios [el Padre]. El Hijo se *somete* al Padre (Lc 22:42, Jn 17:4) y el Espíritu Santo se somete al Padre y al Hijo (Jn 14:26; 15:26). En la Biblia, las estructuras de autoridad existen para crear orden. Si no hubiera orden —si cada persona hiciera lo que mejor le parece a sus propios ojos—, habría caos. El orden es un requisito previo para que haya libertad. Cierto autor ha dicho que el orden «es la primera necesidad de todas».[5]

En el reino de Dios, toda autoridad es una forma de servicio abnegado en vez de tiranía. Jesús respaldó los conceptos de autoridad y sumisión al tiempo que los revolucionó por completo. He aquí cómo enseñó a sus discípulos a entender la autoridad:

> *Sabéis que los gobernantes de los gentiles se enseñorean de ellos, y que los grandes ejercen autoridad sobre ellos. «No ha de ser así entre vosotros», sino que el que quiera entre vosotros llegar a ser grande, será vuestro servidor, y el que quiera entre vosotros ser el primero, será vuestro siervo; así como el Hijo del Hombre no vino para ser servido, sino para servir y para dar su vida en rescate por muchos* (Mt 20:25-28, énfasis añadido).

Jesús ejemplificó esta autoridad de siervo demostrándola en el lavado de los pies de sus seguidores antes de ir a la cruz por ellos. «*Pues si yo, el Señor y el Maestro, os lavé los pies, vosotros también debéis lavaros los pies unos a otros*» (Jn 13:14). El servicio no anula el liderazgo, en las Escrituras; lo define.[6] Del mismo modo, el concepto bíblico de sumisión no implica inferioridad. Jesús, el Hijo, no fue en modo alguno inferior a Dios el Padre. Él dijo: «*Yo y el Padre somos uno*» (Juan 10:30), no obstante, se sometió a su Padre (Jn 14:31). Para seguir el camino de Dios, en el matrimonio y la familia, es fundamental entender ésta como una unidad de gobierno con una estructura de autoridad incorporada. Pero es igualmente crucial entender bíblicamente la estructura de autoridad.

Hoy es común rechazar las nociones de jerarquía y autoridad. En Occidente, toda una generación (la de los que maduraron en los años «60» y «70») se caracterizó por su disposición a «cuestionar la autoridad». Por un lado, es comprensible, dados los muchos ejemplos de autoridad tiránica que ha habido en nuestro mundo quebrantado. Demasiados hombres han abusado de su autoridad para «enseñorearse» de otros, o usado el poder para manipular y lograr fines egoístas. Si usted tiene problemas con los conceptos de autoridad y sumisión, le insto a que no los abandone. En vez de ello, considérelos desde una perspectiva bíblica. La autoridad y la sumisión son principios fundamentales de la realidad, y cuando se entienden bíblicamente, son necesarios y positivos, no sólo para las familias, sino también para estructurar comunidades y naciones saludables.

La familia funciona como la unidad más básica de gobierno de un país

Cuando pensamos en «gobierno» tendemos a pensar en términos de política y políticos, ya sea a nivel local, provincial, estatal o nacional. Pero la familia es realmente la forma básica de gobierno de cualquier sociedad. El rol del marido como «cabeza» del hogar debe ser respetado, no sólo por los que componen la familia, sino también por la iglesia y las autoridades civiles.

Cuando un hombre y una mujer dejan el hogar de sus padres y se unen en una sola carne en matrimonio (Gn 2:24), fundan una nueva familia con su propia y distinta estructura de autoridad. A partir de este momento, el marido ya no está bajo la autoridad de su padre, sino que asume la jerarquía en relación con su esposa. Esto se ilustra hermosamente en muchas ceremonias nupciales cuando el padre de la novia entrega su mano a la mano del novio —su nueva cabeza—. Es esencial que *tanto* marido como mujer «abandonen» la autoridad de sus padres cuando se unen en matrimonio. Aunque siguen teniendo la obligación de honrar a sus padres (Éx 20:12), e incluso de cubrir sus necesidades cuando ello sea necesario (Mr 7:6-13), ya no están bajo su autoridad de gobierno. A menos que se produzca dicha transferencia de autoridad, seguirán inevitablemente el conflicto y la confusión.

padre (n.) El que engendra un hijo. La implicación obvia es que solo el varón puede ser padre.

Aunque Dios creó a la familia para ser una unidad básica de gobierno, no es la única. La iglesia local es otra forma de gobierno, junto con el estado o el gobierno civil. Cada una de estas formas de gobierno ejerce una función indispensable en la sociedad más amplia. La familia es el primer lugar donde los niños deben ser criados, educados e instruidos para ser ciudadanos piadosos, gobernadores de sí mismos. Cuando cada forma de gobierno entiende y cumple la función que Dios le ha encomendado, si bien respetando los roles de las demás, la sociedad florece.

PRINCIPIO 1:
El marido ha de guiar a la familia amorosa y abnegadamente

Según el pastor Philip Lancaster, el marido «ha recibido el llamado y la posición de ser el principal moldeador de la familia. Puede abdicar de su función o hacer un trabajo mediocre, pero esto también moldeará a la familia. No hay manera de escapar a su influencia —para bien o para mal—».[7] En nuestro tiempo, la masculinidad está en franca retirada y la paternidad es un misterio para muchos hombres. En Occidente, el movimiento feminista contemporáneo ha distorsionado profundamente el concepto bíblico de hombría o masculinidad. En otras partes del mundo, masculinidad equivale a «machismo» y sugiere tiranía controladora y opresiva. La recuperación de la masculinidad bíblica tal como se expresa en los roles de marido y padre bien puede ser una de las necesidades más perentorias del mundo actual. Esta recuperación debe empezar con un estudio meticuloso de Dios *el Padre* y de Cristo *el Esposo* como preclaros ejemplos. El corazón paternal de Dios se describe maravillosamente en el Salmo 23, que ilustra lo que significa para maridos y padres «pastorear» a sus esposas e hijos. En él vemos a Dios como pastor («*Junto a aguas de reposo me conduce... Me guía por senderos de justicia*»), como proveedor («*nada me faltará... mi copa está rebosando*»), como pastor espiritual («*tu vara y tu cayado me infunden aliento*»), y como protector («*Aunque pase por el valle de sombra de muerte, no temeré mal alguno, porque tú estás conmigo*»).

Efesios 5:25 declara: «*Maridos, amad a vuestras mujeres, así como Cristo amó a la iglesia y se dio a sí mismo por ella*». Un hombre debe amar a su esposa *sacrificialmente*. Este es su deber fundamental. Lejos de ser un mero sentimiento o emoción, el amor, como se detalla en 1 Co 13:4-7, es una *elección*. Los maridos están obligados a amar a sus esposas como a sus propios cuerpos, «*Porque nadie aborreció jamás su propio cuerpo, sino que lo sustenta y lo cuida, así como también Cristo a la iglesia*» (Ef 5:28-29). La palabra «cuidar» significa en este contexto «dar abrigo, acariciar con amor tierno».[8] Tiene prohibido codiciar la esposa de otro hombre (Éx 20:17) y se le manda: «*Regocíjate con la mujer de tu juventud*» y «*su amor te embriague para siempre*»

(Pr 5:15-23). Además, los maridos deben vivir con sus esposas comprensivamente, y tratarlas con respeto (1 P 3:7). Le es debida esta dignidad porque Dios la creó a su imagen. Ella debe ser la persona más importante de su vida, aparte del Señor. Ella es su compañera, su amante, su mejor consejera, su amiga.[9] Por tanto, todo marido «está sujeto a la obligación más solemne de hacer todo lo que esté en su mano para lograr que la vida de su mujer sea feliz, hermosa, noble y bendita. Para lograr esto, él debe estar dispuesto a hacer cualquier sacrificio personal. Nada menos que esto implica amar como Cristo amó a su iglesia cuando se entregó por ella».[10]

El marido/padre también ha sido llamado a ser líder del hogar. Este liderazgo supone tener una *meta* para su familia, tomar la *iniciativa*, y *sostenerla*. Nuestro Padre celestial tiene una meta, un sueño, una visión para nosotros —el conformarnos a la semejanza de su Hijo (Ro. 8:29)—. Además, Él toma la iniciativa para santificarnos y lleva a cabo este proceso hasta su cumplimiento. Del mismo modo, los maridos deben tener una meta, una visión, para sus familias y *tomar la iniciativa* para avanzar hacia ella. El liderazgo no presume superioridad, sino toma la iniciativa.[11] Por ejemplo, si hay conflicto entre marido y mujer, liderazgo significa que el marido toma la iniciativa y procura la reconciliación, no importa quién tenga la culpa.

El liderazgo del marido en el hogar es fundamental por otra razón. El hombre que no ha aprendido a pastorear a su propia familia no ha desarrollado el carácter necesario para ejercer autoridad en otras esferas de la vida. Y a la inversa, si tiene éxito en el hogar, está preparado para tener éxito en cualquier parte. En 1 Timoteo 3:5, Pablo sostiene que un hombre debe demostrar su habilidad como pastor de su familia antes de ser considerado apto para ser anciano (o diácono) en la iglesia. Es necesario ser fiel en la pequeña esfera del hogar para que a uno se le confíe la mayordomía de una esfera más amplia (Mt 25:21). El pastor puritano Hugo Grocio (1583-1645), escribió:

> El que no sabe cómo administrar una Provincia, tampoco podrá administrar un Reino; quien no sabe gobernar una Ciudad, tampoco podrá gobernar una Provincia; quien no sabe regir una Aldea, no podrá regir una Ciudad; si no sabe guiar una Familia, tampoco podrá guiar una Aldea; tampoco podrá Gobernar una Familia quien no sabe Gobernarse a sí mismo; tampoco podrá Gobernarse a sí mismo a menos que su *razón* sea su señor, y su *voluntad* y su

apetito sus Vasallos; tampoco podrá la *razón* gobernar a menos que esté sometida a Dios y le sea [completamente] obediente.[12]

Aplicación de este principio en su vida

Si usted es marido y padre, ¿asume conscientemente el liderazgo para cuidar de su familia y de los asuntos que surgen? Escriba tres áreas en las que necesita asumir mayor liderazgo. ¿Qué áreas de autogobierno cristiano necesitan ser fortalecidas para poder pastorear con éxito a su familia? Escríbalas y pida al Señor que le ayude a elaborar un plan sencillo para responder a ellas.

casa u hogar, la Biblia suele usar la palabra «hogar» o «casa» y la equipara a «familia». En la Biblia, un hogar está compuesto por los padres (marido y mujer) y los hijos, con o sin los parientes, los amigos y los siervos.

PRINCIPIO 2:
El marido debe proteger y proveer para su familia

Como el buen pastor protege a su rebaño, así también el marido protege a los que están bajo su techo. La protección implica conciencia de peligro físico y espiritual, iniciativa, y a menudo, coraje. Imagínese que una pareja se despierta al oír un ruido y sospecha que es un ladrón. Un marido no dice a su esposa: «Te toca a ti mirar. Yo lo hice la última vez». Aun cuando la esposa sea cinturón negro en kárate, el marido está obligado a tomar la iniciativa e investigar el origen del ruido. Ella podrá rematar al ladrón con una certera patada en la cabeza, pero será mejor que el marido yaga tendido, e inconsciente, en el suelo o no será hombre.[13] En el ámbito espiritual, el marido piadoso identifica el pecado, la muerte y el infierno como enemigos temibles, y se entrega a sí mismo para proteger a su esposa e hijos de todos ellos. De manera que toma la iniciativa para proteger a su casa de las influencias malignas que se pueden colar a través de la televisión o el internet. La protección significa que a veces él actúa como administrador de disciplina. Tal disciplina muestra que un padre está resuelto a proteger a su familia del mal y de sus consecuencias destructivas.[14]

Además de protección, la provisión está en el corazón de la paternidad. Pablo dice en 1 Ti 5:8 que un hombre que no provee para su casa es peor que un incrédulo. Tal negligencia equivale a la apostasía.

Es una negación de Cristo, pues Él sostiene a su esposa. Nuestro Padre celestial provee abundantemente para suplir nuestras necesidades, de igual manera los padres y maridos proveen para sus casas —ciertamente, los maridos están «programados» por Dios para ser proveedores—. Una de las experiencias más dolorosas que un hombre puede sufrir, cuando afronta desempleo o lesión, es la incapacidad de proveer para su familia aunque sólo sea por un tiempo.

La Biblia requiere de un marido que cubra las necesidades básicas de su casa: alimento, techo y vestido (Éx 21:10), y supla las necesidades sexuales de su esposa (1 Co 7:3-4). El marido asume la responsabilidad *fundamental* de poner comida en la mesa. Esto no significa que la esposa no pueda trabajar fuera de casa en algunas ocasiones o que el marido no pueda compartir las cargas domésticas. Significa que un hombre pone en peligro su alma y envía un mensaje falso a su esposa y sus hijos cuando no ocupa el lugar que le corresponde si no entrega su vida para proveer para su familia.[15]

El rol de marido y padre también implica ser proveedor espiritual del hogar. Ha de pastorear a su esposa y sus hijos. El cuarto mandamiento exige que el padre guíe a toda su familia a guardar el sábado (Éx 20:8-11). Los maridos y padres deben orar diariamente por sus familias de esta manera: «No nos dejes caer en tentación, sino líbranos del maligno». (Mt 6:12, 13). Los maridos deben tomar la iniciativa para reunirse con la esposa y los hijos en tiempos de devoción familiar, oración y lectura bíblica de manera regular. Los maridos deben tomar la iniciativa para reunirles.[16]

Aplicación de este principio en su vida

Si usted es marido y padre, ¿cómo se evaluaría a sí mismo en calidad de protector y proveedor de la familia, tanto física como espiritualmente? ¿Cuáles son sus puntos fuertes y sus puntos débiles? ¿Qué cosas específicas puede comprometerse a hacer ante Dios para apuntalar las áreas débiles de protección y/o provisión?

PRINCIPIO 3:
La esposa ha de respetar y someterse fielmente a su marido

Una esposa piadosa es verdaderamente preciosa para su marido, su familia, su comunidad y su nación. Ciertamente, ella «*su valor supera en mucho al de las joyas*» (Pr 31:10). Su tarea consiste en ayudar a su marido a edificar una familia y una sociedad fuerte y piadosa. Tanto marido como mujer han sido creados por Dios a su imagen. Ambos son iguales en términos de valor y dignidad. Aunque a Dios se le llame «Padre» en la Biblia, algunos pasajes notables revelan sus atributos maternales. La Biblia emplea símiles para comparar a Dios con una madre que cría, una mujer que da a luz (Is 42:14; 46:3), una madre que amamanta (Is 49:13-15; 66:10-13), una gallina (Mt 23:37; Lc 13:34) y un águila (Éx 19:4; Dt 32:10-12).[17]

El principio metafórico del matrimonio en la Escritura, como ya se ha subrayado, es la relación entre Cristo, la cabeza, y la iglesia, la esposa. Valiéndose de esta metáfora, el apóstol Pablo enfatiza la responsabilidad especial del marido como líder y protector de su esposa, *y el llamado de la esposa a aceptar el rol de su marido*, así como la iglesia se somete a la supremacía de Cristo. Esto no implica en modo alguno que la esposa sea inferior. Ambos son iguales en dignidad y valor y deben cumplir su función en el matrimonio sobre la base del respeto mutuo asentado en esta realidad.[18]

La palabra «sumisión» porta hoy una enorme connotación negativa. Sin embargo, lejos de indicar una posición de inferioridad servil, aun Cristo se somete libremente a la voluntad del Padre (Lc 22:42). Como seguidores de Cristo, hemos de andar sometidos a Él. El apóstol Pablo amonesta a la iglesia a someterse unos a otros *«por reverencia a Cristo»* (Ef 5:21). Pedro amonesta a las casadas: *«mujeres, estad sujetas a vuestros maridos»* (1 P 3:1). No se instruye a las mujeres a someterse a todos los hombres, sino sólo la mujer a su marido. La sumisión en el matrimonio debe caracterizarse por una *disposición* de parte de la esposa a seguir la autoridad de su marido —una *inclinación* a someterse a su liderazgo—. Es una actitud que afirma: «Me deleito en que tomes la iniciativa en nuestra familia. Me alegro cuando asumes la responsabilidad y diriges amorosamente. No crezco en la relación cuando eres pasivo, tengo que asegurarme de que la familia funciona».[19]

Sumisión no significa que la esposa dé prioridad a la voluntad del marido antes que a la voluntad de Cristo. La esposa es seguidora de Cristo por encima de todo y antes que seguidora de su marido.

Si la obligación básica del marido es amar a su esposa, el deber básico de la mujer es respetar a su marido (Ef 5:33). Por supuesto, la esposa también debe de amar a su marido (Tito 2:4). Todos los creyentes tienen que «amar al prójimo como a uno mismo» (Mr 12:33), pero en la relación particular de la esposa con el esposo, se subraya el respeto.

Cristo ama a su esposa, la iglesia, y ésta respeta la autoridad de Cristo. La Biblia anima a los creyentes a honrar y respetar a las autoridades establecidas (Ro 13:1-7; Tit 3:1; 1 P 2:13), y esto sigue siendo válido para la familia. Tal respeto de parte de la esposa acarrea honor, así como una inclinación a someterse al liderazgo del marido.[20] Por supuesto, el marido debe vivir de tal manera que sea digno del respeto de su esposa. No obstante, aunque él fallara en su alto llamamiento, ella debe recordar el suyo. El respeto a su marido afirma su liderazgo en la familia y, como tal, es una poderosa fuente de estímulo para él.

Aplicación de este principio en su vida

Si usted es esposa, ¿cuán inclinada ha estado a seguir la iniciativa y el liderazgo de su marido? ¿Diría que está más dispuesta a aceptar su liderazgo cuando está de acuerdo con usted, o acepta, honra y se somete firmemente a la dirección que él determina es mejor para la familia? Tal vez a usted le gustaría que él asumiese más liderazgo, o quizá cree que le falta sabiduría en ciertas áreas de la vida familiar. Independientemente de su madurez actual como pastor de la familia, él crecerá en liderazgo y amor a medida que usted ore por él regularmente, y si confía en Dios para que prospere a toda su familia siguiendo a la cabeza establecida. Escriba varias cosas que puede hacer para ser una esposa más estimulante y alentadora. Bendígale en persona y en oración.

madre (n.) Progenitor femenino; especialmente, de la raza humana; una mujer que ha tenido un hijo; correlativa a hijo o hija.

PRINCIPIO 4:
La esposa debe criar a sus hijos y administrar el hogar

El primer mandamiento de Dios a la humanidad dado en las Escrituras es «*sed fecundos y multiplicaos*». Aquí, la esposa y madre juega un papel vital, no sólo en el alumbramiento de sus hijos, sino en criarlos tiernamente (1 Ts 2:7). Su obligación de amar y criar a sus hijos es esencial para su sano desarrollo. Este rol valiosísimo es algo para lo que su cuerpo ha sido singularmente diseñado. Nuestras sociedades libertinas reducen los pechos de la mujer a objetos sexuales: pero Dios, que diseñó el pecho, es el Dios de la crianza. Él conforta, alimenta y provee (Is 66:10-13).[21] La palabra hebrea *shad* (pecho) es raíz de la que procede uno de los nombres de Dios, El Shaddai, que significa Dios Todopoderoso. Dios es quien proporciona a su pueblo socorro y sustento, y el supremo llamamiento de la madre es proporcionar sustento a sus hijos.

Tito y Proverbios 31 presentan una imagen de la mujer piadosa como una industriosa y productiva «obrera del hogar», cuyo llamado se centra en su marido y sus hijos. Desempeñando su función doméstica ella complementa la función pública de su marido. En el Occidente secular e industrializado, estamos lejos de la imagen del «hogar» que reflejan las Escrituras, y que era común en Estados Unidos a principios del siglo XX. En consecuencia, es casi imposible apreciar las destrezas increíbles exigidas a una esposa y madre para administrar su casa. Actualmente, el ama de casa es vista negativamente, tanto dentro como fuera de la iglesia. En generaciones anteriores, el hogar, además de ser la unidad básica de gobierno, también ejercía funciones vitales: económica, educativa y benéfica. La esposa piadosa descrita en Proverbios 31 se ocupa en una variedad de actividades económicas: *«Busca lana y lino, y con agrado trabaja con sus manos… Evalúa un campo y lo compra; con sus ganancias planta una viña… Nota que su ganancia es buena»* (vv. 13-18). La revolución industrial desplazó el hogar y lo sustituyó por la fábrica y la corporación como centros de actividad económica. Actualmente, los maridos y, cada vez más, las esposas, *dejan* el hogar para «salir a trabajar». Los niños se consideran una carga económica en vez de una fuente valiosa de mano de obra. Análogamente, el rol educativo del hogar ha sido desplazado. Actualmente los hijos «van al colegio» y son educados mayormente por otros que no son los padres. La beneficencia basada en el hogar ha sido sustituida por planes gubernamentales de bienestar. Aunque bien intencionados, muchos de estos cambios han debilitado los vínculos familiares. Por ejemplo, muchas personas mayores esperan actualmente que el estado cubra las necesidades de su ancianidad en vez de sus propias familias.

A medida que han disminuido estas funciones históricas en el hogar, la institución de la familia se ha debilitado. Cuando Tito 2:5 insta a las esposas a ser *«hacendosas en el hogar»*, muchas mujeres hoy se preguntan qué deben hacer exactamente si tienen el marido en el trabajo y los niños en la escuela. Por lo cual, muchas mujeres *dejan* el hogar y pasan a engrosar la fuerza laboral en busca de importancia e ingresos extra. Aunque quizás resulte comprensible, esta salida no hace más que debilitar familias ya frágiles. Hoy, muchos «hogares» son poco más que dormitorios, cuartos donde los miembros de la familia duermen unas cuantas horas antes de volver a separarse. Incluso funciones tan básicas como preparar y disfrutar comidas juntos se están perdiendo. Dios creó a la familia para jugar un rol fundamental en el funcionamiento de una sociedad sana. A medida que sus funciones básicas han sido desalojadas, el tejido social se ha ido debilitando.

Así pues, ¿cómo debemos responder? Yo creo que los hogares florecen cuando estas funciones nucleares —económica, educativa y benéfica— se recuperan, al menos en parte, cuando la esposa asume liderazgo en la casa y dedica energía a su marido y sus hijos. ¿Significa esto que las mujeres nunca deberían trabajar fuera del hogar? Aunque no es posible volver a la era preindustrial, ni tampoco deberíamos desearlo, las familias pueden asumir algunas opciones para restaurar estas funciones esenciales. Tales elecciones serán casi siempre contraculturales, y por tanto, fuente de resistencia y de controversia, pero necesarias para perseguir la senda de Dios para el matrimonio. La responsabilidad prioritaria de educar a los hijos es sólo una de las áreas que muchos padres pueden reclamar. Otra es la restauración del hogar como centro de beneficencia.

Aplicación de este principio en su vida

Si usted es esposa y madre, ¿tiene en alta estima el rol de criar a sus hijos y administrar su casa? ¿O ha permitido que la devaluación que la cultura ha perpetrado contra este rol que Dios le ha dado le robe gozo y satisfacción? Examine su corazón delante de Dios y pídale que le imparta la alta estima que Él concede a su rol. Marido, anime a su esposa y alábela a menudo por el trabajo que ella hace. Padre, asuma el liderazgo para educar a sus hijos y apoyar a su esposa para que colabore con usted en este rol. Hablen y busquen a Dios para saber de qué maneras puede ella cumplir el rol para el que Dios la ha preparado. Anote las ideas en las que están de acuerdo.

PRINCIPIO 5:
Los niños han de honrar y obedecer a los padres

Los niños también tienen obligaciones específicas según las Escrituras. El quinto mandamiento exige «*Honra a tu padre y a tu madre, para que tus días sean prolongados en la tierra que el SEÑOR tu Dios te da*» (Éx 20:12). En Mr 7:6-13, Jesús se opone vigorosamente a la falsa especie de piedad de los fariseos, que no intentaba sino evadir su responsabilidad de honrar a los padres. Su último acto antes de morir fue proveer para el futuro de su madre (Jn 19:25-27).[22] A los hijos se les manda obedecer a sus padres mientras están bajo la autoridad de sus progenitores (Ef 6:1; Col 3:20). Cuando se hacen mayores, se casan, y ejercen autoridad en sus propios hogares, ya no están obligados a obedecer a sus padres, pero siguen teniendo la obligación de honrarlos.

Aunque los hijos tienen la obligación de obedecer a sus padres, éstos deben ayudar a sus hijos a cumplir con esta responsabilidad. Las madres y los padres que permiten que sus hijos les desobedezcan adrede no les hacen ningún favor, antes bien, favorecen su desobediencia al mandato directo de Dios. Por eso la Biblia enfatiza la responsabilidad de los padres de disciplinar a sus hijos,[23] y por eso a tal disciplina se le llama justamente acto de amor. *«El que escatima la vara odia a su hijo, mas el que lo ama lo disciplina con diligencia»* (Pr 13:24). El propósito de la disciplina divina es siempre la corrección, nunca el castigo. Efesios 6:4 declara: *«Y vosotros, padres, no provoquéis a ira a vuestros hijos, sino criadlos en la disciplina e instrucción del Señor»*. Para que la disciplina no provoque la ira de los hijos no debe ser excesiva, sino justa, coherente y aplicarse a los hijos sin favoritismos. No es sencillo ni fácil para los padres disciplinar correctamente a sus hijos, pero ello no es excusa para dejar de hacerlo.

Aplicación de este principio en su vida

¿Qué hace usted como padre actualmente en su familia para estimular a sus hijos a honrarle y obedecerle? ¿Se están desarrollando en ellos los frutos del honor y la obediencia? Pida al Señor que le muestre áreas de su vida que necesitan más atención y coherencia en cuanto a supervisión, instrucción y corrección. Consulte ideas con otros padres cristianos cuyos hijos les demuestren honor, respeto y gozosa obediencia.

Pensamientos finales

Dios es el creador del matrimonio y el diseñador de la familia. Cuando captamos su proyecto, cuando funcionamos como maridos, padres, esposas, madres e hijos según su diseño, recogemos abundante fruto de gozo, del que sólo experimentan las familias fuertes y sanas. No obstante, si nuestra familia funciona sobre una base de patrones no bíblicos, inevitablemente sobrevendrán consecuencias negativas y destructivas. Muchos seguimos el ejemplo de nuestros padres o de la cultura que nos rodea por lo que respecta al funcionamiento de la familia. Como seguidores de Cristo, esto no debería ser así. Debemos estudiar asiduamente las Escrituras para tratar de entender y obedecer la clara instrucción de Dios para la familia. Nuestros países están siendo destruidos desde dentro por falta de familias piadosas que honren a Dios. Oro para que usted sea parte de la solución de su nación. ¡Decídase en este día!

> Querido Padre, te alabamos por el don de la familia. Deseamos ser renovados para entender mejor tus principios para la familia y nuestra función en ella. Queremos que nuestra familia refleje tu diseño. Capacítanos por tu Espíritu Santo para presentar fielmente a la sociedad que nos rodea un ejemplo de familia que se ajusta a tu diseño. Perdónanos por adoptar los modelos falsos y perniciosos que nos rodean. Úsanos para edificar esta nación con familias fuertes que honren a tu nombre. Amén.

Recursos adicionales

Piper, John. *What's the Difference? Manhood and Womanhood Defined According to the Bible*. Wheaton: Crossway, 2008.

Wilson, Nancy. *Praise Her in the Gates: The Calling of Christian Motherhood*. Moscow: Canon Press, 2000.

Carlson, Allan C. and Paul T. Mero. *The Natural Family: A Manifesto*. Dallas: Spence Publishing Company, 2007.

EL PROPÓSITO DE DIOS PARA LA FAMILIA EN EL DISCIPULADO DE LAS NACIONES

¿Cuál es el propósito fundamental de Dios para la creación? ¿Qué los pueblos de todas las naciones conozcan la fe salvadora en Cristo? ¿Qué se funden nuevas iglesias? ¿Dar de comer al hambriento? Todos ellos son importantes, pero no constituyen su propósito fundamental. Todos ellos deberían contemplarse como «medios» esenciales, pero no como fines. El propósito fundamental de Dios es que *el conocimiento de su gloria llene la tierra como las aguas cubren el mar* (Hab 2:14). Ciertamente, este propósito esencial no se cumplirá plenamente hasta que Cristo retorne. Pero hasta entonces, sobre la base de su obra acabada en la cruz, Jesús nos llama a orar y trabajar en sus fuerzas para extender su reino «así en la tierra como en el cielo» (Mt 6:10).

transformación (n.) Cambio en la naturaleza de algo, como en el corazón y vida de un individuo, la vida de una familia o el carácter y conducta de una nación.

Además de un plan global para la creación, Dios tiene una estrategia para llevarlo a cabo. Es un proceso de transformación «a fondo» que comienza en la mente y el corazón del hombre. Por el poder transformador del evangelio, las personas «nacen de nuevo» como «nuevas criaturas» (Juan 3:3; 2 Co 5:17) llenas del Espíritu y son capacitadas para cumplir la voluntad de Dios. A partir de ahí, la transformación comienza a extenderse por la esfera social. La primera, más básica y más importante esfera social es la familia. Cuando el marido y la mujer siguen el camino de Dios en el matrimonio, ellos y sus hijos son bendecidos. Tales padres enseñan a sus hijos a ser la prole piadosa que desea nuestro Señor. Les preparan meticulosamente para ejercer dominio piadoso en todas las áreas de la sociedad. A su debido tiempo, cuando los hijos asuman puestos de influencia en las distintas esferas sociales, éstas serán reformadas y reflejarán cada vez más el conocimiento y la justicia de Dios. Cuando esto sucede, la nación recibe bendición y *discipulado*.

La iglesia local y sus líderes juegan un rol esencial en este proceso. No sólo proclaman las buenas nuevas de salvación en Cristo, sino sirven como «centros de equipamiento» (Ef 4:2).

Ellos equipan a los solteros para el matrimonio, a los padres para ser los principales maestros de los hijos y a los miembros del cuerpo para extender el reino de Dios en cada área de la sociedad. La iglesia también ejerce una función profética en la nación.

El proceso hacia afuera de enseñanza a las naciones

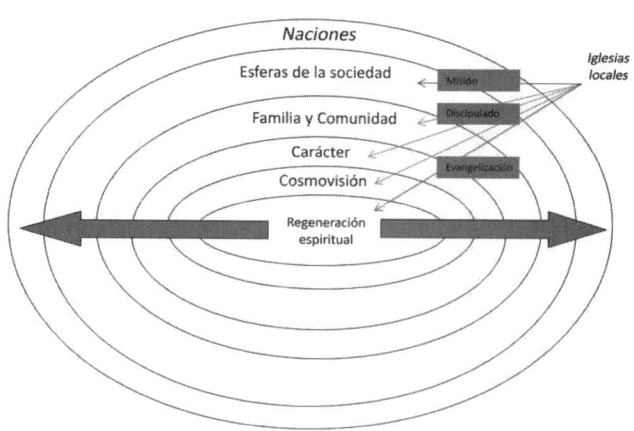

Cabe recalcar dos puntos importantes en este proceso. En primer lugar, no sucede de la noche a la mañana. Uno puede ver escaso progreso en su vida. Las cosas pueden empeorar antes de mejorar, porque afrontamos dura oposición. Nuestro enemigo, Satanás, está muy ocupado extendiendo su reino falso. Él siembra semillas en el trigal del reino de Dios, y ambas plantas crecen al mismo tiempo (Mt 13:36-43). Podemos esperar que él haga todo lo posible para oponerse a nosotros, pero por la sangre de Cristo podemos resistirle si nos ponemos toda la armadura de Dios como se describe en Ef 6:10-18. La transformación es obra de Dios a través de las *generaciones*. Por eso la familia es tan importante en el plan de Dios, porque es una institución singular, generacional. Si el corazón de los hijos se vuelve a los padres y al Dios de sus padres, la causa de Cristo en el mundo puede seguir adelante a través de las generaciones.[1]

En segundo lugar, la transformación a todos los niveles (personal, familiar y nacional) depende de la transformación que acaece a un nivel precedente. Es decir, «según la familia, así va la nación». Theodore Cuyler afirma lo siguiente:

> Poco me preocupa el gobierno que preside en Washington, en comparación con el gobierno que rige sobre millones de familias estadounidenses. Ninguna administración puede perjudicarnos realmente si la vida del hogar es… piadosa. Ningún estadista ni legislación puede salvarnos si nuestros hogares son morada del desenfreno y el libertinaje. El hogar rige sobre la nación.[2]

Dios creó el matrimonio y la familia para llevar a cabo el mandato cultural

Dios bendijo a Adán y Eva, la primera pareja. Les colocó en un hermoso jardín y les encomendó una tarea: *«Sed fecundos y multiplicaos, y llenad la tierra y sojuzgadla; ejerced dominio sobre los peces del mar, sobre las aves del cielo y sobre todo ser viviente que se mueve sobre la tierra»* (Gn 1:28). Este mandato se amplía en Gn 2:15: *«el SEÑOR Dios tomó al hombre y lo puso en el huerto del Edén, para que lo cultivara y lo cuidara»* (énfasis añadido). Estas tareas se denominan a veces mandato cultural.

mandato cultural, también llamado «mandato de la creación». Esta expresión hace referencia al mandato que dio Dios a la primera pareja humana para que cuidara el jardín e hiciera fructificar la creación. Toda actividad humana volcada hacia la creación fluye de este mandato.

El jardín del Edén desplegó perfectamente el conocimiento y la gloria de Dios. Era perfecto, pero no estaba completo. Adán, Eva y su prole, como portadores de la imagen de Dios, debían reinar en nombre de Dios como reyes sobre su magnífica creación. Debían usar su creatividad y su imaginación para crear una cultura que glorificara a Dios, desarrollar nuevas obras de arte, música, poesía, ciencia y tecnología. El propósito de Dios era (y es) llenar la tierra con el conocimiento de su gloria (Hab 2:14). Aunque la Caída dañó nuestra capacidad para cumplir este mandato, la tarea permanece, y el matrimonio fue específicamente diseñado para llevarla a cabo.

PRINCIPIO 1:
Los maridos y las esposas juegan un papel esencial, aunque distinto, para llevar a cabo el mandato cultural

Para cumplir este alto llamamiento, Adán necesitaba una compañera, *«una ayuda idónea»* (Gn 2:18, énfasis añadido). Necesitaba una compañera perfectamente diseñada para completar y complementar sus puntos fuertes. El mandato cultural fue dado por Dios a Adán y Eva, pero ellos cumplen distintos roles para llevarlo a cabo. Estos roles reflejan las funciones singulares del Padre, el Hijo y el Espíritu Santo, tanto en la creación como en la redención.[4] Es decir, la unidad y diversidad del Dios Trino se extienden al ámbito humano en el matrimonio. Douglas Wilson describe el rol del marido y la mujer de esta manera: «Se necesitan mutuamente, pero se necesitan de distinta manera. El hombre necesita la ayuda; la mujer necesita ayudar… Él es llamado al trabajo y debe recibir la ayuda de ella. Ella es llamada al trabajo mediante el ministerio a él. Él se encamina a la tarea y ella se encamina a él».[5] Contrario a lo que comúnmente se piensa, no hay sentido de inferioridad en la palabra «ayudante» o «ayuda».

roles, funciones características o comunes.[3]

A decir verdad, en nuestra experiencia cotidiana, suele ser el fuerte quien ayuda al débil. Dios suele llamarse nuestro ayudador en las Escrituras (Is 41:10).

Hoy día, muchos rechazan los roles que Dios dio al marido y la mujer. El movimiento feminista actual ha empañado los roles distintivos y el diseño de los hombres y las mujeres. A resultas de ello, los hombres tienden a ser feminizados, mientras que se anima a las mujeres a negar su naturaleza femenina y actuar como los hombres. Hay una necesidad clamorosa en esta generación de reclamar el diseño bíblico: los rasgos distintivos y los roles del marido y la mujer para cumplir el mandato cultural.[6]

Aplicación de este principio en su vida

Hable con su esposa acerca de los roles que ambos desempeñan en el matrimonio. Planeen cómo pueden ser compañeros más compatibles para crear un hogar y una familia en la que rebose la vida de Cristo. Comenten cómo puede prosperar cada miembro y conocer amor y bendición abundantes, que a su vez puedan fluir a las vidas de otros y de sus familias. Busquen a Dios en oración para ver qué pasos concretos deben dar.

PRINCIPIO 2:
El matrimonio existe para engendrar una prole piadosa

El mandato cultural de Gn 1:28 comienza con el primer mandamiento que da Dios en la Escritura: *«Sed fecundos y multiplicaos, y llenad la tierra».* Se repite a Noé y a sus hijos, después del diluvio, en Gn 9:1. Malaquías 2:15 establece claramente la intención de Dios: *«¿Acaso no hizo el Señor un solo ser, que es cuerpo y espíritu? Y ¿por qué es uno solo? Porque busca descendencia dada por Dios»* (énfasis añadido, NVI). Dicho lisa y llanamente, Dios instituyó el matrimonio con el propósito de multiplicar una prole piadosa que reflejara su imagen y su gloria por toda la faz de la tierra. A nivel humano, no hay nada más milagroso que la sociedad de Dios con el marido y la esposa en la creación de un ser humano completamente nuevo. Cada hijo es un ser único de increíble complejidad e intrincado designio, una persona completa, dotada de mente, voluntad y espíritu inmortal, que encierra un vasto potencial e incalculable valor —forjada en la unión íntima de marido y mujer—. Decir que los hijos son una bendición, como hace constantemente la Biblia, es una declaración modesta.[7] La multiplicación de los hijos es uno de los propósitos primordiales del matrimonio, aunque no basta con tener hijos; el Señor quiere «hijos piadosos». Para lograr este objetivo, Él diseñó el matrimonio y definió los roles de marido y mujer para formar el entorno perfecto para criar, instruir y disciplinar hijos piadosos. He aquí un pequeño ejercicio para estimular su visión. Si usted y su esposa criaran seis hijos piadosos y cada uno de ellos criara otros seis, y así sucesivamente, por cinco generaciones, el número total de cristianos devotos seguidores de Cristo y servidores de su país sumaría 7.776. Piense en el impacto que esto podría causar en su nación y en el mundo.

En nuestro mundo caído, no se suele considerar a los niños una bendición, sino una carga y una molestia. Se contemplan como una interferencia con nuestro deseo egoísta y rebelde de autonomía personal. También hay actitudes contrarias a los niños, en diversos grados, en la iglesia, ya que muchas parejas tienen cada vez menos hijos. En muchos países, particularmente en Europa, Rusia y Japón, muchas parejas han dejado simplemente de tener hijos, y a resultas de ello sus culturas están, literalmente, muriendo.[8] Incluso las culturas más tradicionalmente asociadas con las familias numerosas están cayendo por debajo del nivel de reemplazo de 2,1 hijos por familia. Diecisiete naciones o territorios en Latinoamérica, así como en Estados Unidos, caen actualmente por debajo de este nivel.[9]

Aplicación de este principio en su vida

Haga una lista de todas las razones por las que valora a sus hijos. ¿Está dispuesto a hacer sacrificios para tener hijos y enseñarles los caminos del Señor? ¿Cuáles son los retos más grandes que tiene que afrontar para dedicarse a criar hijos que amen, honren y obedezcan al Señor? ¿Conoce a alguna pareja cristiana mayor que ustedes que hayan criado con éxito hijos que ahora viven para Cristo y sirven al Señor? Si no, pida a su pastor que le recomiende una pareja con quien cultivar una amistad de apoyo y consejo.

PRINCIPIO 3:
El deber fundamental de los padres es educar y discipular a sus hijos

La Biblia resalta la importancia de la familia como *primer campo de instrucción* del carácter piadoso maduro. En palabras de Philip Lancaster:

> La familia ha sido a través de los tiempos el parvulario de la fe en cada generación, el primer centro en el que ha tenido lugar el discipulado cristiano. El futuro se moldea, de generación en generación, en los hogares. El hogar es el terreno principal para vivir la vida cristiana. En el hogar tiene lugar, a diario, el pecado, la ofensa, la reconciliación y la sanidad. En el hogar se enseña al ignorante, se disciplina al rebelde, se restaura al pecador, se alimenta

al hambriento, se viste al desnudo, se sana al enfermo… El hogar es el lugar donde se desenvuelven roles y relaciones adecuados.[10]

La Biblia también enseña que la primera y más fundamental responsabilidad de educar a los hijos recae sobre los padres. Ciertamente, los abuelos, los líderes de la iglesia y las escuelas pueden jugar papeles importantes, pero son el padre y la madre sobre quienes recae la *responsabilidad y el privilegio fundamental*. La tarea principal de una madre y un padre es mostrar a Dios a sus hijos. Los hijos conocen a sus padres antes que a Dios. Cuando los padres abren sus corazones, aman e instruyen a sus vástagos, andan con Dios abiertamente delante de sus familias e instan a sus hijos a seguir al Señor en su compañía, entonces éstos tienen oportunidad de experimentar a Dios como realidad viva en sus vidas.[11]

Dios creó la familia para «ser una comunidad de enseñanza y aprendizaje acerca de Dios y de la piedad».[12] A las madres y los padres Dios les dice: «*Y estas palabras que yo te mando hoy [mis caminos, mis mandamientos y preceptos], estarán sobre tu corazón; y diligentemente las enseñarás a tus hijos, y hablarás de ellas cuando te sientes en tu casa y cuando andes por el camino, cuando te acuestes y cuando te levantes*» (Dt 6:6-8). Esta instrucción ha de ser más que mero conocimiento mental; debe ser aplicada en la familia, la iglesia y la comunidad. La meta es que el compromiso de los padres con Dios y su Palabra pase de su corazón al corazón de sus hijos. Esto sucede en el contexto de una relación íntima de discipulado que se perpetúa en todo momento (desde que uno se levanta hasta que se acuesta) y en todo lugar (en casa y por el camino).[13] Por supuesto, la Biblia debe ser el principal currículum: su contenido, su doctrina y su aplicación a todas las esferas de la vida. Albert Mohler ha escrito:

> La Biblia presenta un modelo de educación que comienza con el conocimiento de Dios y después se extiende al conocimiento de la ley de Dios y el orden creado. Todos los objetos de conocimiento y disciplinas de estudio cobran sentido por el hecho de que Dios ha creado un universo inteligible y quiso que sus criaturas lo entendiesen, al menos en parte.[14]

Tanto las madres como los padres comparten la responsabilidad de instruir a sus hijos. Proverbios 6:20 establece: «*Hijo mío, guarda el mandamiento de tu padre, y no abandones la enseñanza de tu madre»* (énfasis añadido). Es crucial que la madre y el padre se mantengan unidos en esta empresa, pero, siendo el padre líder en el hogar, ejerce un rol fundamental. *«Y vosotros, padres... criadlos en la disciplina e instrucción del Señor»* (Ef 6:4, énfasis añadido). «La meta del padre debe ser el corazón de sus hijos. Él se gana su corazón demostrando un servicio abnegado, compasión y ternura, lavándoles los pies, poniendo a un lado su voluntad para hacer lo mejor para ellos».[15] Ha de pastorear a sus hijos, y para poder hacerlo, debe conocer la condición de su rebaño. Lleva mucho tiempo descubrir qué hay en el corazón de un hijo, pero los padres deben proponerse como actividad averiguarlo. Sólo entonces podrá el padre dar la clase de ánimo e instrucción más útil. La disciplina también es importante como forma de instrucción correctora, destinada a guiar a los niños más allá de la necedad para alcanzar la prudencia del autocontrol. Tal como hay disciplina amorosa y con propósito en la familia de Dios, la iglesia (Pr 3:11-12; Heb 12:5-11), así debe ser en la familia humana.[16]

Debería ser la meta de toda madre y padre piadosos preparar una aljaba bien abastecida de *«flechas de hijos»* (Sal 127:4,5), con las que extender el reino de Dios. Ciertamente, este es uno de los mayores privilegios de la paternidad. Mientras los padres se entregan a moldear y conformar a sus hijos para ser discípulos de Jesús, éstos influirán a su vez en sus propios hijos y nietos por muchas generaciones. *«Poderosa en la tierra será su descendencia; la generación de los rectos será bendita»* (Sal 112:2).

Aplicación de este principio en su vida

¿Está usted de acuerdo con Dios en que Él le ha destinado a ser, en cuanto padre, primer maestro de sus hijos? Pídale que le muestre áreas en las que usted ha rendido inconscientemente su autoridad y su responsabilidad a la iglesia, la escuela o el estado. ¿Está usted dispuesto a abrazar el rol de maestro principal para enseñar a sus hijos quién es Dios y sus caminos? Si es así, los siguientes capítulos le ayudarán y guiarán a descubrir este rol. Pida a Dios que abra su mente y su corazón para que sean renovados y enteramente capacitados para asumir este llamamiento magnífico sobre su vida como pareja.

Pensamientos finales

Jonathan Edwards (1703-58) destaca entre los teólogos, pastores e intelectuales que han dado los Estados Unidos. Jugó un papel esencial en el Primer Gran Avivamiento, fue autor de muchos libros, predicó incontables sermones e inspiró a generaciones de misioneros. Con todo, su mayor legado lo comparte con su esposa Sarah —la asombrosa influencia que ejerció su prole para transformar EEUU por muchas generaciones—. Jonathan y Sarah son un ejemplo preclaro de cómo Dios puede usar la institución singular, trans-generacional de la familia para bendecir a toda una nación. En un periodo de 150 años, de esta pareja salieron:

- Trece rectores de universidad y sesenta y cinco catedráticos.

- Cien abogados y treinta jueces.

- Sesenta y seis médicos.

- Tres senadores de los EEUU, tres gobernadores de Estado, tres alcaldes de ciudades importantes y un vicepresidente de los EEUU.

- Líderes de la banca, el comercio y la industria.

- Más de cien misioneros trans-culturales.[17]

Esta clase de influencia que moldeó toda una cultura no ocurrió por accidente. Fue fruto de un matrimonio edificado sobre las enseñanzas de la Biblia. ¿Podría su familia ejercer un impacto similar sobre su nación? Un marido y una esposa que adoptan esta visión saben que sus hijos representan la misión más importante de su vida.

> *«Don del SEÑOR son los hijos… Como flechas en la mano del guerrero…»* (Sal 127:3-5).

Las flechas son armas de guerra. Nuestros hijos se asemejan a flechas lanzadas en batalla contra un enemigo. La batalla tiene por objeto extender el reino de Dios y el discipulado de las naciones. Nuestro enemigo es Satanás. ¿Por qué flechas? Con una espada, un soldado sólo puede atacar hasta donde alcanza su mano. Pero una flecha bien diseñada puede alcanzar a un enemigo situado más lejos. Del mismo modo, nuestros hijos deberían sobrepasarnos en madurez piadosa y provocar un impacto para el reino de Dios. Y sus hijos deberían propagarlo aún más lejos. Haga posible esta visión para su matrimonio y su familia —una visión que aspira a levantar una generación de guerreros siervos que conquisten audazmente territorio enemigo en todas las esferas de la sociedad.

> Padre celestial, entiendo mejor que nunca que me consideras responsable de discipular a mis hijos para Cristo, y que tengo la obligación generacional de transmitir un legado piadoso a mis nietos y bisnietos. Deseo que mis hijos vivan piadosamente y presten contribuciones dignas a la sociedad, pero necesito tu ayuda y tu sabiduría. Hoy te pido que ilumines mi mente y me prepares para llevar a cabo la tarea que tengo por delante. Ayúdame a perseverar en este compromiso a largo plazo y a hacer los cambios necesarios en mi vida que rindan frutos de justicia en mis hijos, para que nuestra familia contribuya a que la tierra sea llena del conocimiento de tu gloria. Amén.

Recursos adicionales

Lancaster, Philip. *Family Man, Family Leader: Biblical Fatherhood as the Key to a Thriving Family,* San Antonio, Tex.: The Vision Forum, Inc., 2003.

Miller, Darrow. *Opresión de la mujer, pobreza y desarrollo: Vindicación de la dignidad de la mujer para construir naciones sanas.* Editorial JUCUM, Tyler, Texas, 2012.

CAPÍTULO 5

EL PODER DE LAS PALABRAS Y LA PALABRA DE DIOS

¿Qué son las palabras? Las palabras se oyen, se piensan, se dicen, se cantan y se escriben todos los días. ¿Pero qué son en esencia las palabras? ¿Cómo afectan a la salud y al desarrollo de nuestros hijos, familia y nación? Las respuestas a estas importantes cuestiones podrán sorprenderle, si consideramos lo que dice Dios acerca del poder de las palabras y de la huella permanente que dejan en nuestra vida. El diccionario define la «palabra» como «sonido verbal o combinación de sonidos articulados por la voz humana que, combinados con otros vocablos expresan una idea».[1] Por ejemplo la raíz griega del vocablo inglés significa «hablar». No obstante, las palabras son más que meras unidades de lenguaje por medio de las cuales se comunica el pensamiento. Según la Biblia, las palabras son poderosos agentes invisibles que tienen potencial para producir vida o muerte (Pr 18:21; Mt 12:35-37). Las palabras portan una fuerza increíble. ¡Determinan el curso de nuestras vidas, familias y naciones!

Las palabras son los ladrillos que forman las ideas, y las ideas acarrean consecuencias eternas mediante los actos individuales que conforman el destino de las personas y de las naciones. Satanás, el gobernador del sistema mundano, emplea palabras para hacer guerra contra las mentes y corazones de la gente, particularmente de los niños. Esta guerra, que no se dirime con armas y municiones, sino con palabras e ideas, Satanás hace estragos todos los días en las aulas, en los medios de comunicación y en la cultura popular. Trata de esclavizar a nuestros hijos a diario. Los medios de comunicación son en muchos países los principales diseminadores de ideas y valores de una agenda global anti cristiana. Los medios sociales, el internet, la televisión, la radio, las revistas y los periódicos influyen grandemente en la mentalidad y los gustos estéticos de adultos y niños de todo el mundo. Los padres están perdiendo esta guerra por falta de conocimiento bíblico y de armas espirituales; no obstante, tanto los padres como los hijos pueden prepararse para combatir contra las influencias impías y ganar la batalla de las ideas. La victoria exige reconocer las tácticas del enemigo y entender el poder que encierran las palabras. Las palabras son la clave para combatir y obtener la victoria.

> **palabra (n.)** Unidad de lenguaje por medio de la que se comunican pensamientos e ideas a otros.

> **poder (n.)** Fuerza o energía; la facultad de mover o producir un cambio en algo.

Dios declaró la existencia de la creación por su Palabra

Dios el Creador se revela al hombre a través de su Palabra:

- Su palabra *declarada* en la creación.
- Su Palabra *viva* y eterna, Jesucristo.
- Su Palabra inspirada y *escrita*, la Biblia.

El libro de Génesis comienza con la declaración divina de la existencia del universo y la designación de cada dimensión maravillosa de la creación:

> *En el principio creó Dios los cielos y la tierra. Y la tierra estaba sin orden y vacía, y las tinieblas cubrían la superficie del abismo, y el*

Espíritu de Dios se movía sobre la superficie de las aguas. Y dijo Dios: Sea la luz. Y hubo luz. Y vio Dios que la luz era buena; y separó Dios la luz de las tinieblas. Y llamó Dios a la luz día, y a las tinieblas llamó noche. Y fue la tarde y fue la mañana: un día (Gn 1:1-5).

La palabra de Dios creó los cielos y la tierra. Lo que se ve en el mundo material fue hecho desde lo invisible: «*Por la fe entendemos que el universo fue preparado por la palabra de Dios, de modo que lo que se ve no fue hecho de cosas visibles*» (Heb 11:3).

Jesucristo, la Palabra viva, estuvo presente en la creación

Jesucristo es la Palabra viva que estuvo presente en la creación. Él creó todas las cosas y las sostiene por la palabra de su poder:

En el principio [antes del tiempo] existía el Verbo, y el Verbo estaba con Dios, y el Verbo era Dios. Él estaba en el principio con Dios. Todas las cosas fueron hechas por medio de Él, y sin Él nada de lo que ha sido hecho, fue hecho. En Él estaba la vida, y la vida era la luz de los hombres…Y el Verbo se hizo carne, y habitó entre nosotros, y vimos su gloria, gloria como del unigénito del Padre, lleno de gracia y de verdad (Jn 1:1-4, 14).

En estos últimos días nos ha hablado por su Hijo, a quien constituyó heredero de todas las cosas, por medio de quien hizo también el universo. Él es el resplandor de su gloria y la expresión exacta de su naturaleza, y «sostiene todas las cosas por la palabra de su poder» (Heb 1:2-3, énfasis añadido).

Dios creó al hombre a su imagen y le dotó de lenguaje

El sexto día, Dios formó al hombre a su imagen, como corona y gloria de la creación (Gn 1:26, 27, 2:7; Sal 8:4-6). Por su Espíritu Santo Dios insufló vida al hombre (Gn 2:7). Dio a Adán el don del lenguaje para comunicarse con Él y con otros, y llegar a dominar la tierra. El hombre no gruñó, como un animal, ni gradualmente emitió sonidos inarticulados hasta formar una lengua, como el darwinismo pretende hacernos creer.[2] En la creación Dios dotó al hombre de lengua, como también de conciencia, imaginación y capacidad de razonamiento. Estos atributos distinguen al hombre de los animales y lo ennoblecen con dignidad inmortal.

Dios dio al hombre palabras con las cuales edificar y gobernar una familia y una cultura centradas en la Palabra (centradas en Cristo)

Inicialmente, Adán se mantenía en perfecta unión con Dios. La revelación divina regía su conocimiento racional y guiaba sus decisiones y sus actos. Dios concedió a Adán el privilegio y la responsabilidad de designar un nombre a los animales, acto mediante el cual también estableció su dominio sobre ellos. Dios formó una mujer para Adán y colocó a ambos en el jardín del Edén para cultivarlo y extenderlo. Dios andaba, tenía comunión con ellos y les impartía conocimiento sobrenatural. Con palabras, Dios les bendecía y les encargaba sojuzgar la tierra. Con palabras, Él también les advirtió de las consecuencias que acarrearía desobedecer sus mandamientos.

> *Y los bendijo Dios y les dijo: «Sed fecundos y multiplicaos, y llenad la tierra y sojuzgadla; ejerced dominio…todo ser viviente que se mueve sobre la tierra»* (Gn 1:28).

> *Y el SEÑOR Dios formó de la tierra todo animal del campo y toda ave del cielo, y los trajo al hombre para ver cómo los llamaría; y como el hombre llamó a cada ser viviente, ése fue su nombre* (Gn 2:19, 20).

Las palabras son agentes invisibles, regentes. Edifican, instruyen, bendicen, o derriban, engañan y maldicen. Dios dio la lengua como herramienta para edificar y gobernar una sociedad justa y virtuosa basada en sus mandamientos y principios. Él mandó a la humanidad edificar una vida y una cultura centradas en la Palabra por medio del matrimonio y la familia.

> *Porque yo lo he escogido [a Abraham] para que mande a sus hijos y a su casa después de él que guarden el camino del SEÑOR, haciendo justicia y juicio, para que el SEÑOR cumpla en Abraham todo lo que Él ha dicho acerca de él.* (Gn 18:19).

El pecado interrumpió la relación de Adán y Eva con Dios y desató una guerra de palabras

Adán y Eva fueron pronto probados cuando la astuta serpiente tentó a Eva. Satanás distorsionó las palabras de Dios cuando habló a la mujer diciendo: «*¿Conque Dios os ha dicho…?* (Gn 3:1-5). Eva consideró las palabras torcidas de la serpiente y resultó engañada.

Adán desobedeció a Dios y comió del fruto. La unidad que habían disfrutado con Dios quedó interrumpida. Su razonamiento —ahora corrompido— estaría guiado por su propio conocimiento racional. El pecado contaminó sus pensamientos y su percepción de Dios, de sí mismos y del mundo.

> *Y oyeron al SEÑOR Dios que se paseaba en el huerto al fresco del día; y el hombre y su mujer se escondieron de la presencia del SEÑOR Dios entre los árboles del huerto. Y el SEÑOR Dios llamó al hombre, y le dijo: «¿Dónde estás?» Y él respondió: «Te oí en el huerto, y tuve miedo porque estaba desnudo, y me escondí»* (Gn 3:8-10).

El pecado corrompe el pensamiento y las elecciones. Nos hace egocéntricos, nos descentra, nos separa de Dios. El pecado destruye las relaciones. En el Edén, las mentiras de Satanás distorsionaron la verdad de Dios en el corazón de Adán y Eva: las palabras que contestaron revelan el efecto que les causó su engaño. Jesús dijo: *«De la abundancia del corazón habla la boca»* (Mt 12:34). El engaño, el temor y la culpa se instalaron en sus corazones e influyeron en sus pensamientos, palabras y actos. Adán y Eva temieron a Dios e intentaron ocultarse de Él, que es la Verdad. Una batalla cósmica se desató entre la verdad y el error, la luz y las tinieblas, el reino de Dios y el reino de este mundo (Ro 3:9-18, 23). Se desató una guerra de palabras e ideas[3] en el campo de batalla de la mente humana. Esa conflagración continúa hasta el día de hoy.

Dios apartó tristemente a Adán y Eva del jardín, para que no comieran del árbol de la vida y quedaran separados de Dios para siempre. Los teólogos llaman a esta desobediencia «la Caída del hombre». Adán y Eva acarrearon ruina y aflicción a la raza humana (Ro 5:12-21). Por lo cual, todos nacemos en este estado caído. Nuestra capacidad de razonamiento se vio adulterada (Jer 17:9), *«estabais muertos en vuestros delitos y pecados»* (Ef 2:1). El espíritu humano debe «nacer de nuevo» por el Espíritu de Dios (Juan 3:1-21). Dios maldijo a la serpiente y la tierra. Condenó a la mujer a sufrir dolor en el alumbramiento y al hombre a ganarse el pan con el sudor de su frente. Pero también prometió salvación y redención por la simiente de la mujer (Gn 3:14-19) —su Hijo unigénito *«la Palabra viva y eterna»*—. En la plenitud del tiempo de Dios, Cristo se revistió de forma humana para propiciar la salvación del hombre pecador al precio de su sangre.

Las palabras son los ladrillos que sustentan las ideas

Dios nos diseñó para pensar y expresar pensamientos por medio de palabras. Las palabras guían nuestro pensar y razonar. Inspiran ideas. Las ideas influyen en nuestras decisiones y actos todos los días. Las palabras y las ideas marcan el rumbo de nuestra vida. Cuando definimos las palabras bíblicamente, pensamos y razonamos apoyados en la verdad de Dios, que nos libra de la esclavitud del sistema mundano. En cambio cuando las definimos según el sistema del mundo, nos conducen al engaño, la esclavitud y la pobreza.

Las ideas acarrean consecuencias para bien o para mal

Los pensamientos siempre intentan expresarse en actos. *«Pues como piensa dentro de sí, así es»* (Pr 23:7). La historia y el carácter de nuestra vida emanan de nuestras elecciones, que se basan en el concepto que tenemos de Dios, de la vida y las prioridades. Es decir, nuestra cosmovisión (modo de pensar) determina las decisiones que tomamos y las decisiones construyen nuestra vida y nuestro carácter. Las ideas basadas en las mentiras de este mundo caído empobrecen a las personas, las familias y las naciones. Nos conducen a la esclavitud, el conflicto y la muerte espiritual. Las ideas basadas en los principios divinos bendicen a los individuos, las familias y las naciones con verdad que produce libertad, paz y vida espiritual.

El Antiguo Testamento ofrece un claro ejemplo de cómo las palabras edifican ideas que producen consecuencias graves, transgeneracionales. El libro de Números relata la historia de doce líderes que Moisés envió a espiar la Tierra Prometida. Dios había librado milagrosamente a los israelitas tras 400 años de esclavitud en Egipto (el sistema mundano) y les señaló la Tierra Prometida. Moisés quería saber cómo era esa tierra: ¿Eran sus habitantes fuertes o débiles? ¿Pocos o muchos? ¿Estaba el país fortificado? ¿Era fértil o árido? Durante cuarenta días los hombres inspeccionaron el territorio y volvieron con un informe y muestras de frutos deliciosos. Diez de ellos dieron un informe «malo» (Núm 14:37). Dijeron: *«Ciertamente mana leche y miel, y este es el fruto de ella. Sólo que es fuerte el pueblo que habita en la tierra, y las ciudades, fortificadas y muy grandes... toda la gente que vimos en ella son hombres de gran estatura... y a nosotros nos pareció que éramos como langostas; y así parecíamos ante sus ojos».* Los israelitas respondieron con temor e incredulidad. Los otros dos espías, Caleb y Josué, intentaron calmar al pueblo con palabras de fe diciendo: «*La tierra por la que pasamos para reconocerla es una tierra buena en gran manera... Debemos ciertamente subir y tomar posesión de ella, porque sin duda la conquistaremos*» (Núm 14:7, 8; 13:30).

El pueblo se rebeló y clamó: «*¡Cómo quisiéramos haber muerto en Egipto! ¡Más nos valdría morir en este desierto!*» (Núm 14:2, NVI). Dios respondió: «*Vivo yo*» —declara el SEÑOR— «*que tal como habéis hablado a mis oídos, así haré yo con vosotros*» (Núm 14:28). Dios había hecho grandes milagros en Egipto, dividió el mar Rojo y les había librado de la esclavitud. Airado por su incredulidad, sentenció que nunca entrarían en la *tierra prometida*. Los diez espías que presentaron el informe malo murieron poco después a consecuencia de una plaga. Toda la multitud del pueblo israelita mayor de veinte años murió en el desierto. Solo Caleb y Josué fueron preservados para entrar en la tierra de promisión y recibir su herencia prometida (Jos 3; 14:14). ¡Un viaje de once días se alargó cuarenta años! Los doce líderes inspeccionaron la misma tierra. Todos estuvieron de acuerdo en los hechos. Pero sólo Josué y Caleb creyeron la palabra de Dios y por fe entregaron un buen informe basado en sus promesas. Este relato nos enseña que las palabras son la sustancia de las ideas. Las ideas, ciertamente, tienen consecuencias para bien o para mal.

PRINCIPIO 1:
El idioma se aprende por imitación

Cada niño es un don de Dios a los padres (Sal 127:3), quienes son sus principales y más influyentes maestros. El niño aprende el idioma imitando las palabras que hablan sus padres. Cuando él imita los sonidos, sus padres le enseñan su significado. Su vocabulario va aumentando, y los valores y la herencia de la familia pasa a la siguiente generación. El niño comienza a formarse una visión del mundo que le rodea. Cuando los padres le enseñan la Palabra y los principio de Dios, influyen en sus ideas y su vocabulario y le inculcan una herencia piadosa y una cosmovisión bíblica. Si no le enseñan la Palabra y los principios de Dios, el niño se forma la cosmovisión del sistema impío que le rodea.

Desde los tiempos de Abraham, Dios mandó a los padres que enseñaran, «a sus hijos *y a su casa después de él... que guarden el camino del SEÑOR, haciendo justicia y juicio*» (Gn 18:19; Ef 6:4). Dios hace responsables a los padres de la educación de sus hijos. Los padres deben enseñar su Palabra a sus hijos y nietos (Dt 4:9), para que ellos a su vez lleguen a ser miembros piadosos de la sociedad y eduquen a sus propias familias y nación para Cristo.

> *Y estas palabras que yo te mando hoy, estarán sobre tu corazón; y diligentemente las enseñarás a tus hijos, y hablarás de ellas cuando te sientes en tu casa y cuando andes por el camino, cuando te acuestes y cuando te levantes* (Dt 6:6-7).

Nuestras palabras, y los actos que las acompañan, influyen el alma tierna del niño. Algunas palabras transmiten amor, afirmación y gozo, mientras que otras emiten advertencias e instrucciones. Algunas palabras se cantan suavemente al son de la música, otras se pronuncian con gran fuerza. Las palabras destructivas, expresadas con ira, se alojan en el corazón del niño, quien luego las «oye» una y otra vez a lo largo de su vida. Como pueblo de Dios, podemos aplicar este principio imitando a Cristo, usando sus palabras para sustentar a una familia justa y amorosa. Dios nos llama a ser **constructores de cultura** conociéndole a Él primero y su Palabra, y después revelando a Cristo con nuestras palabras y actos, tanto en casa como en la vida pública. Si imitamos a Cristo y ponemos en práctica sus palabras, nuestros hijos nos imitarán a nosotros.

Aplicación de este principio en su vida

Las siguientes sugerencias encierran gran potencial para influir en los pensamientos, sensibilidades, hábitos, actos y desarrollo del carácter de sus hijos. Si las practica, su liderazgo en estas áreas lo prepararán para ocupar una posición de servicio y liderazgo cristiano entre sus amigos.

1. Lea las Escrituras en voz audible a su bebé en el vientre. La Palabra de Dios alimenta el espíritu del niño aún no nacido y planta en su bebé el amor por la Palabra de Dios.

2. Proclame en oración la Palabra de Dios por sus hijos diariamente.

3. Póngase de acuerdo con lo que dice Cristo acerca de los niños y declare palabras vivificadoras en voz audible a sus

hijos de manera regular. ¡Bendígales con voz clara! Afirme e invoque a menudo su pleno potencial en Cristo.

4. Lea y cante diariamente la Palabra de Dios, canciones de cuna, poemas y cuentos con ideales cristianos a sus pequeños.

5. Haga estudios de palabras clave en sus devociones. Indague en el significado de las palabras tal como Dios las emplea en las Escrituras. Use este vocabulario cuando hable con sus hijos.

6. Celebre tiempos de culto familiar, de comunión y estudio bíblico de manera regular en su hogar. Enseñe el significado de palabras y pasajes bíblicos a sus hijos.

7. Memorice las promesas de Dios juntamente con sus pequeños.

8. A medida que sus hijos aprenden a leer, guíeles a leer la Palabra de Dios diariamente y a meditar en su verdad. La formación de estos hábitos en sus hijos, a edad temprana, inculca amor a Dios y su Palabra de por vida.

PRINCIPIO 2:
La vida y la muerte están en poder de la lengua

La lengua tiene un poder tremendo para edificar o derribar. La Biblia —especialmente los libros de Proverbios y Santiago— proporciona mucha sabiduría acerca del uso de la lengua. Si actuamos en la carne, hablaremos descuidadamente palabras destructivas. Las palabras calan profundamente en el corazón del oyente (Pr 23:16). Las palabras ofensivas distorsionan nuestra identidad como hijos de Dios y frustran nuestro potencial. Las palabras amables, consideradas, son igualmente poderosas. Estimulan, edifican y restauran relaciones rotas.

Muerte y vida están en poder de la lengua, y los que la aman comerán su fruto (Pr 18:21).

Y se regocijarán mis entrañas cuando tus labios hablen lo que es recto (Pr 23:16).

El Espíritu es el que da vida; la carne para nada aprovecha; las pala-
bras que yo os he hablado son espíritu y son vida (Jn 6:63).

La lengua es difícil de domar

Santiago enseña que «la lengua *es un miembro pequeño... contamina*
todo el cuerpo... e inflama el curso de nuestra vida... ningún hombre
puede domar la lengua; es un mal turbulento y lleno de veneno mortal.
Con ella bendecimos a nuestro Señor y Padre, y con ella maldecimos
a los hombres, que han sido hechos a la imagen de Dios» (Stg 3:1-11).
Compara la lengua con el timón de un barco que, aunque pequeño,
dirige grandes naves.

¡Un problema con la lengua es un problema de corazón!

Lo que sale de la lengua es una indicación de la condición del corazón. Jesús enseñó:

El hombre bueno, del buen tesoro de su corazón saca lo que es bueno;
y el hombre malo, del mal tesoro saca lo que es malo; porque de la
abundancia del corazón habla su boca (Lc 6:45).

Y yo os digo que de toda palabra vana que hablen los hombres, darán
cuenta de ella en el día del juicio. Porque por tus palabras serás justi-
ficado, y por tus palabras serás condenado. (Mt 12:36, 37).

«Un problema con la lengua es un problema de corazón. Dentro del
corazón se libra una batalla entre dos reinos —el reino del yo y el reino
de Dios—. Uno de los dos siempre domina en el corazón y conforma
nuestro hablar. Sólo cuando el corazón esté gobernado por el amor la
lengua rebosará palabras edificantes y amables».[4] La amabilidad en el
habla requiere toda una vida de meditación en la Palabra de Dios y la
sumisión a su Espíritu día tras día. A menos que el Espíritu de Dios
more en nuestro corazón, no es posible un cambio duradero porque
la carne domina el corazón y conforma el habla. El hombre caído no
puede cambiar su corazón pecaminoso, de piedra. Debe recibir un
nuevo corazón. Debe *«nacer de nuevo»* como Jesús instruyó a Nico-
demo (Jn 3:1-21).

Dios nos advierte «vigilar» nuestro corazón: *«Con toda diligencia*
guarda tu corazón, porque de él brotan los manantiales de la vida» (Pr
4:23). Es decir, cuide lo que lee, lo que mira en la televisión, lo que escucha, lo que medita en sus momentos quietos. Cuide sus actitudes.

Vigile el egoísmo, la ira, la amargura, la falta de perdón y el criticismo. Estas semillas producen palabras abusivas, malsanas, y conducen a relaciones inestables y disfuncionales. Como padres, somos también responsables ante Dios de vigilar lo que leen, miran, hablan y hacen nuestros hijos.

Bendiga a sus hijos todos los días

Dios quiso que las palabras crearan, salvaran y bendijeran por fe. El acto de bendecir nace en el corazón de Dios hacia nosotros, sus hijos. Supone palabra hablada que transmite bienestar y herencia espiritual. En todo el libro de Génesis Dios pronuncia bendiciones. Bendijo al hombre en la creación (Gn 1:28). Bendijo a Noé y a sus hijos (Gn 9:1), a Abraham, en quien todas las familias de la tierra serían bendecidas (Gn 12), a su esposa Sara, madre de naciones, a Isaac (Gn 26), Jacob (Gn 28 y 32) y José (Gn 39). Esta fue una familia bendita, progenitora del pueblo escogido de Dios. En los Evangelios, Jesús bendijo a un número incontable de personas. Su Sermón del monte[5] dibuja una imagen de la vida del reino con una serie de bendiciones. Su amoroso ministerio a los niños siempre incluyó bendición, imponiendo sus manos sobre sus cabezas y declarando palabras vivificantes a sus espíritus.

> *Y le traían niños para que los tocara; y los discípulos los reprendieron. Pero cuando Jesús vio esto, se indignó y les dijo: Dejad que los niños vengan a mí; no se lo impidáis, porque de los que son como éstos es el reino de Dios. En verdad os digo: el que no reciba el reino de Dios como un niño, no entrará en él. Y tomándolos en sus brazos, los bendecía, poniendo las manos sobre ellos* (Mr 10:13-16).

Jesús nos redimió de la maldición de la Ley para que en Él la bendición de Abraham pudiera llegar a los gentiles, para que pudiésemos recibir la promesa del Espíritu Santo por medio de la fe (Gá 3:13, 14).

Ser bendecido por los padres equivale a tener seguridad y confianza en la vida. No ser bendecido es vivir inquieta e inadecuadamente y padecer pobreza interior. Muchos hijos de Dios sufren una vida sin bendición, buscan paz y felicidad a toda costa. En el Antiguo Testamento, Jacob, el hijo de Isaac, es el prototipo de hijo no bendecido. Sustrajo la bendición de su hermano mayor, pero no recibió el bienestar que esperaba. Vivió inquietamente la mayor parte de su vida hasta que Dios le indicó que volviera a su país. Preocupado de que su hermano buscara venganza, se detuvo a orar. Un «hombre» se le apareció y luchó con él hasta el alba. Jacob no le dejó marcharse hasta que le bendijo. Este «hombre» era Jesucristo preencarnado, quien ciertamente bendijo a Jacob y cambió su nombre por el de «Israel». Cuando clamó *«no te soltaré si no me bendices»*, fue finalmente bendecido y recibió integridad. Jacob se reconcilió con su hermano (Gn 33), bendijo al Faraón de Egipto (Gn 47:5) y bendijo a su hijo José (Gn 49:22-27). Y al final de su vida, bendijo a sus nietos (Gn 49:9-11).

La bendición es un acto sobrenatural que hace posible lo imposible. Cada generación debe bendecir y habilitar a la siguiente. Todo padre debe bendecir a cada uno de sus hijos imponiéndole las manos sobre su cabeza y declarando en voz audible el don vivificador de felicidad y fortaleza interior. En muchas culturas se imparte una bendición cuando se pasa de la adolescencia a la edad adulta. Aunque nunca es demasiado tarde para empezar a bendecir a sus hijos, los padres deben bendecirles en el nacimiento y seguir haciéndolo rutinariamente a lo largo de su juventud.

En conclusión, sed todos de un mismo sentir, compasivos, fraternales, misericordiosos y de espíritu humilde; no devolviendo mal por mal, o insulto por insulto, sino más bien bendiciendo, porque fuisteis llamados con el propósito de heredar bendición (1 P 3:8, 9).

Aplicación de este principio en su vida

1. Lleve a cabo un estudio sobre la lengua en el libro de Proverbios. Haga dos columnas y desígnelas «La lengua necia» y «La lengua prudente». Para los niños, recurra a la guía del maestro de Proverbios AMO®, para enseñarles a usar su lengua y el poder de las palabras. La guía también contiene oraciones para padres y tarjetas de bendición que pueden usarse para hacer lo propio con los hijos. (Se encuentran en inglés, español y portugués.)

2. Perdone a los que le han ofendido con sus palabras. Pida a Dios que le sane y reciba su sanidad por fe.

3. Reflexione en la condición de su corazón. Pida al Espíritu Santo que le revele a alguien a quien usted haya ofendido con sus palabras. Vaya a ellos y pídales perdón.

4. Comience a bendecir a sus hijos individualmente. Escriba bendiciones para cada uno de ellos usando las ricas promesas de Dios contenidas en la Biblia. Llame a cada uno de ellos e impóngale las manos sobre la cabeza y declare palabras vivificantes. Observe como Dios interviene en este acto de habilitación para dar a luz nueva vida y gozo en estas relaciones preciosas.

PRINCIPIO 3:
El uso eficaz de la Palabra de Dios edifica vidas y familias centradas en Cristo

Mientras libramos la batalla por la mente y el corazón de nuestros hijos con la Palabra de Dios, Él puede restaurar relaciones rotas y familias inestables. La Palabra de Dios es viva y tiene energía espiritual. La verdad de Dios tiene poder para renovar la mente y domar la lengua.

> *Porque la palabra de Dios es viva y eficaz, y más cortante que cualquier espada de dos filos; penetra hasta la división del alma y del espíritu, de las coyunturas y los tuétanos, y es poderosa para discernir los pensamientos y las intenciones del corazón* (Heb 4:12).

> *Inclina tu oído y oye las palabras de los sabios, y aplica tu corazón a mi conocimiento; porque te será agradable si las guardas dentro de ti, para que estén listas en tus labios.* (Pr 22:17, 18).

> *Si permanecéis en mí, y mis palabras permanecen en vosotros, pedid lo que queráis y os será hecho.* (Jn 15:7).

¿Cómo puede el poder de la verdad de Dios ser liberado en nuestras mentes y corazones si no conocemos su Palabra? Tenemos que leer la Biblia todos los días para nutrir nuestro espíritu, renovar el pensamiento y recibir la guía de Dios para nuestras vidas y familia.

También se nos insta a meditar en su Palabra diariamente y someternos a su sabiduría para ser guiados en nuestras decisiones personales. La palabra hebrea que equivale a «meditar» significa «ponderar, reflexionar, sopesar en la mente, estudiar, conversar con uno mismo en voz audible y hablar».[6] Meditar en la Palabra de Dios es estar de acuerdo con su verdad y confesarla. Dios instruyó a Josué, uno de los dos espías fieles, que meditara en su Palabra noche y día para ser un líder sabio y prosperar entre los paganos de Canaán. «Prosperar» en hebreo no hace necesariamente referencia a riqueza material, sino que significa «cumplir lo que Dios desea». Las decisiones de Josué se inspiraban meditando en la Palabra de Dios. Después que los israelitas conquistaron Canaán, Josué escribió: «*No faltó ni una palabra de las buenas promesas que el SEÑOR había hecho a la casa de Israel; todas se cumplieron*» (Jos 21:45). La fidelidad de Josué en meditar la Palabra de Dios fue clave en su éxito como líder de Israel.

> *Este libro de la ley no se apartará de tu boca, sino que meditarás en él día y noche, para que cuides de hacer todo lo que en él está escrito; porque entonces harás prosperar tu camino y tendrás éxito (Jos 1:8).*

La batalla por las mente y los corazones de los niños no es carnal, sino espiritual. Los padres deben aprender a usar estas armas invisibles y sobrenaturales que Dios ha dispuesto para guardar y proteger a sus hijos. El arma principal es la Palabra de Dios. Los padres tienen que ser «guerreros de la Palabra» y luchar activamente por la salud espiritual de su familia, y en particular, la de sus hijos. Esta es la primera línea defensiva que Dios provee para asegurar el bienestar de nuestros hijos.

> *Pues aunque andamos en la carne, no luchamos según la carne; porque las armas de nuestra contienda no son carnales, sino poderosas en Dios para la destrucción de fortalezas; destruyendo especulaciones y todo razonamiento altivo que se levanta contra el conocimiento de Dios, y poniendo todo pensamiento en cautiverio a la obediencia de Cristo. (2 Co 10:3-5).*

> *Revestíos con toda la armadura de Dios para que podáis estar firmes contra las insidias del diablo. Porque nuestra lucha no es contra sangre y carne, sino contra principados, contra potestades, contra los poderes de este mundo de tinieblas, contra las huestes espirituales de maldad en las regiones celestes. (Ef 6:11, 12).*

Pablo describe estas armas espirituales (Ef 6:13-18), e incluye «*el yelmo de la salvación, y la espada del Espíritu que es la palabra de Dios*» (Ef 6:17). La espada del Espíritu es a la vez defensiva y ofensiva, derrota las tácticas del enemigo y libera el poder y la intención que Dios tiene para su Palabra.

Así es también la palabra que sale de mi boca: No volverá a mí vacía, sino que hará lo que yo deseo y cumplirá con mis propósitos (Is 55:11, NVI).

¡La verdad de Dios es la clave de la transformación! La Palabra de Dios es semilla eterna, capaz de reproducirse cuando es adecuadamente plantada y cultivada en el terreno de nuestros corazones. Lea la Parábola del Sembrador en Marcos 4:1-20. Un sembrador que desea cosechar maíz planta semillas de maíz, no de manzana. Limpia su terreno de piedras y lo ara antes de plantar su preciosa semilla. Fertiliza y riega las tiernas plantas y las protege de insectos y malas hierbas en su fase de desarrollo. Recoge la cosecha y guarda prudentemente semilla para la próxima sementera. Lo mismo sucede con los padres. Si desean tener hijos piadosos con mentalidad, imaginación y carácter cristianos, deben guiarlos a Cristo, cultivar el terreno de sus mentes y sembrar la Palabra de Dios en sus corazones. A medida que estas tiernas plantas van creciendo, es preciso abonarlas, regarlas y protegerlas continuamente durante sus años de formación.

Pues habéis nacido de nuevo, no de una simiente corruptible, sino de una que es incorruptible, es decir, mediante la palabra de Dios que vive y permanece (1 P 1:23).

¡Cuán bienaventurado es el hombre que no anda en el consejo de los impíos, ni se detiene en el camino de los pecadores, ni se sienta en la silla de los escarnecedores, sino que en la ley del SEÑOR está su deleite, y en su ley medita de día y de noche! Será como árbol firmemente plantado junto a corrientes de agua, que da su fruto a su tiempo, y su hoja no se marchita; en todo lo que hace, prospera. No así los impíos, que son como paja que se lleva el viento. (Sal 1:1-4).

Aplicación de este principio en su vida

Las palabras vivificantes tienen poder para reedificar vidas, familias y culturas en ruinas.

1. Mida el tiempo que usted dedica a influencias culturales: televisión, revistas, películas, radio, computadora, juegos,

música, teléfono, libros, deportes, etc. Compárelo con el tiempo que dedica a la Palabra de Dios y con el que dedica activamente a su cónyuge y sus hijos.

2. Evalúe el estado espiritual de cada uno de sus hijos. Escriba un plan realista para dirimir la batalla por sus mentes y corazones teniendo en cuenta los principios antes mencionados.

3. Escriba un diario de oración personal y anote el nombre de cada miembro de su familia. Reclame las promesas de Dios para cada uno de ellos y ore la Palabra diariamente. Anote las respuestas a sus oraciones.

Pensamientos finales

¿Qué le está diciendo Dios acerca de la condición espiritual de su familia? ¿Qué le ha mostrado Él acerca de las palabras de su boca y la meditación de su corazón? Todos hemos fallado como padres e incumplido las normas divinas con las palabras que hemos pronunciado. Pero no estamos sin ayuda. El cambio comienza con el perdón de Dios. «*Si confesamos nuestros pecados, Él es fiel y justo para perdonarnos los pecados y para limpiarnos de toda maldad*» (1 Juan 1:9). Entregue sus cargas al Señor y ore ahora mismo. Si es necesario, recurra a esta oración sencilla:

> Querido Señor Jesús, te invito que vuelvas a mi corazón. Te ruego que tengas compasión de mí conforme a tus muchas misericordias. Perdóname por mi fracaso en edificar una familia centrada en Cristo. Como Isaías, soy un hombre de labios inmundos que vive en medio de un pueblo de labios inmundos. A menudo te he ofendido y he ofendido a otros, especialmente a mi cónyuge y a mis hijos, con palabras descuidadas y destructivas. Me arrepiento de mis caminos y hábitos pecaminosos. Gracias por tu misericordia y tu ayuda en tiempo de necesidad. Limpia mi lengua y pon en mi corazón hambre por tu Palabra. Ayúdame a guardar las palabras de mi boca y a ser un «guerrero de la Palabra» en mi hogar. Que las palabras de mi boca y la meditación de mi corazón sean aceptables delante de ti, Roca mía y Redentor mío. Amén.

Recursos adicionales

Meyer, Joyce. *El poder secreto para declarer la palabra de Dios.* Casa creacion, 2012.

Piper, John, Justin Taylor, Paul Tripp, and Sinclair B. Ferguson. *The Power of Words and the Wonder of God.* Wheaton, Ill.: Crossway Books, 2009.

Sherrill, John. *He Still Speaks Today: Releasing the Dynamic Power of God's Word in Your Life.* Seattle, Washington.: YWAM Publishing, 1997.

Taulbert, Clifton L. *Eight Habits of the Heart: Embracing the Values that Build Strong Families and Communities.* New York: The Penguin Group, 1996.

CAPÍTULO 6

LA CONCEPCIÓN CRISTIANA DE LOS HIJOS

Jesús tiene un concepto notable de los niños. Dijo a sus discípulos que quienquiera que se humillara como un niño ése es «el mayor en el reino de Dios».[1] Jesús ejemplificó el concepto que tiene el Padre de los niños en el conocido incidente recordado en Marcos 10:13-16:

Y le traían niños para que los tocara; y los discípulos los reprendieron. Pero cuando Jesús vio esto, se indignó y les dijo: Dejad que los niños vengan a mí; no se lo impidáis, porque de los que son como éstos es el reino de Dios. En verdad os digo: el que no reciba el reino de Dios como un niño, no entrará en él. Y tomándolos en sus brazos, los bendecía, poniendo las manos sobre ellos.

hijo (n.) La prole de los padres; ser creado a imagen de Dios, nuevo en la gracia, no formado en principios, y débil en conocimiento, juicio y experiencia.

Jesús ama a los niños e interactuó con ellos tomándolos afectuosamente, bendiciéndoles y sanándoles. Él dio ejemplo de cómo los padres deben de conducirse con sus propios hijos.

La cultura del mundo no valora a los niños como hace Dios

En todas las naciones del mundo, el concepto que tienen los padres cristianos de los hijos ha sufrido intensa influencia de su cultura y de sus experiencias personales. El concepto que tenemos de los niños ha sido inconscientemente alterado por lo que vemos, oímos y absorbemos de los valores de la cultura que nos circunda. A menudo, estas creencias se oponen a la verdad bíblica, sin embargo, están lastimosamente infiltradas en la Iglesia e incluso son propugnadas por ella.

La tragedia escandalosa de nuestro tiempo es que en numerosas ocasiones los niños son despreciados. Nunca en la historia de la humanidad han sido más bebés abortados, abandonados, abusados, violados, explotados, malnutridos, víctimas de enfermedades, traficados y forzados a combatir armados. Los hijos del siglo XXI son considerados muchas veces una maldición en vez de un galardón, una carga en vez de una bendición. Son usados como peones y como propiedad política para ser canjeados o descartados. Las Naciones Unidas y otras organizaciones internacionales promueven el control de la natalidad, la esterilización y el aborto como «soluciones» a defectos congénitos, enfermedades y escasez de agua y alimentos. El principio bíblico es justo lo contrario: *Las sociedades que tienen a los niños en poca estima cosechan pobreza cultural y económica*. Esto se refleja en el hecho de que el número de nacimientos en muchos países ha caído por debajo de la tasa de fertilidad de reemplazo del 2,1 por ciento.[2] Naciones enteras están muriendo.

El abandono y el abuso que sufren los niños en la actualidad les asuela en cuerpo y alma. Dada la ruina de la familia y las prioridades materialistas de los padres, poco más que «migajas» quedan para el corazón de los niños. En todo el mundo, entre un cuarto y un tercio de familias están gobernadas por madres solteras con muy poco tiempo y energía para criar a sus hijos. Y aun cuando los padres estén presentes, algunos estudios indican que el padre típico pasa menos de cinco minutos al día con sus hijos. Si bien el plan del pacto de Dios es impartir sus bendiciones a través de los padres terrenales, la actual generación es tristemente conocida como la «generación sin padres».

Cada vez un mayor número de parejas retrasan el tener hijos, y el tener muy pocos, para que ambos padres puedan generar ingresos. Ciertamente, es difícil vivir con menos. Requiere carácter y compromiso. Los pastores tienen que hacer de la vida familiar cristiana y de la visión que Dios tiene para los hijos una prioridad en su enseñanza y su predicación. Si valoramos y sustentamos el valiosísimo don de los hijos, nuestra familia y nación prosperarán en todas las esferas de la vida.

La visión divina de los hijos está arraigada en la creación y en el pacto

La Biblia presenta una concepción de los hijos radicalmente distinta de la de la actual cultura global. Creado a imagen divina, cada hijo ha sido distinguido con dignidad y valor.[3] El mandato divino a la primera pareja fue: «*Sed fecundos y multiplicaos, y llenad la tierra y sojuzgadla*» (Gn 1:28). Los niños son el fruto que más estima el Señor: «*He aquí, don del SEÑOR son los hijos; y recompensa es el fruto del vientre*» (Sal 127:3). Son dados a las familias como gran bendición: «*Y todas estas bendiciones vendrán sobre ti y te alcanzarán, si obedeces al SEÑOR tu Dios: …Bendito el fruto de tu vientre*» (Dt 28:2, 4a).

La primera mención de la palabra 'hijo', en las Escrituras, guarda relación con Sara, la esposa estéril de Abraham. A pesar de su avanzada edad, Abraham creyó la promesa de Dios: tendría un hijo que sería su heredero. En efecto, Dios prometió a Abraham muchos descendientes, tantos como las estrellas del cielo.[5] Cuando Abraham levantó los ojos al cielo nocturno lleno de luciérnagas, debió contemplarlo con asombro, adoración y temor reverencial. Había anhelado de corazón tener un hijo y Dios le prometió mucho más. Le dijo: «*Te haré fecundo en gran manera, y de ti haré naciones, y de ti saldrán reyes*» (Gn 17:6). Abraham esperó confiado veinticinco años hasta que el pacto del hijo prometido se cumplió en el gozoso nacimiento de Isaac.

Los hijos han de desearse y recibirse con gratitud, como un depósito precioso cuyo valor es incalculable. Los padres, junto con la Iglesia, deben invertir en sus pequeños toda su vida espiritual y sus recursos terrenales y dar prioridad a la familia, la iglesia y la sociedad. Cada hijo merece ser estimado como una promesa en el desarrollo del plan divino de redención. Todo hijo ocupa un lugar vital en su historia.

La instrucción y el discipulado de los hijos en la fe cristiana es el núcleo del pacto del padre cristiano con Dios

La instrucción y el discipulado de los hijos es el medio que Dios ha escogido para extender su plan de pacto. Cabe destacar que Dios vinculó el significado del nombre de Abraham («padre») con su pacto en Gn 17:4: *«En cuanto a mí, he aquí, mi **pacto** es contigo, y serás **padre** de multitud de naciones»* (énfasis añadido). En efecto, en el siguiente versículo Dios cambia el nombre de Abram por el de Abraham, que significa «padre de una multitud». El pacto de Dios se centra y depende de la *paternidad*. Las familias están hoy en crisis debido a la pérdida de la revelación del pacto y al deterioro en el compromiso de cumplir el rol de padre. Cuando los padres no proveen un liderazgo piadoso en la familia, el conocimiento de Dios deja de ser transmitido a la siguiente generación. ¿Cuál es la solución de Dios para esta crisis? La respuesta comienza con la restauración del *«corazón de los padres para con los hijos»* (Mal 4:6).

En Gn 18:18, Dios dice a Abraham: *«Porque yo lo he escogido para que mande a sus hijos y a su casa después de él que guarden el camino del SEÑOR, haciendo justicia y juicio, para que el SEÑOR cumpla en Abraham todo lo que Él ha dicho acerca de él».* Dios recompensó la fe y la obediencia de Abraham por enseñar a sus hijos los caminos del Señor concediéndole innumerables descendientes que llegaron a ser jefes de naciones. El rey David era del linaje de Abraham, como también Jesucristo. El pacto de Dios con los padres de hoy es el mismo que el que estableció con Abraham: hacer fructificar a los padres cristianos y sacar naciones y reyes de ellos. El mandato divino de llenar y dominar la tierra es obedecido cuando los padres reconocen el propósito divino en sus hijos y les enseñan sus caminos. La gloria de Dios se revelará a través de las familias cristianas que cubren la tierra. La familia, base de una nación.

> ¿Veremos al rey en nuestros hijos? ¿Invertiremos nuestra vida en los líderes de la generación venidera?
> -Betta Mengistu

Los hijos fueron creados por Dios para aprender de sus padres

He aquí una definición bíblica de «hijo»: ser creado a imagen de Dios[6], nuevo en la gracia,[7] no formado en principios[8], y débil en conocimiento, juicio y experiencia[9]. El niño pequeño depende más de sus padres para sobrevivir y crecer que la cría de ninguna otra especie. El cerebro del niño está menos desarrollado al nacer que el de los animales. Dios creó al niño con gran potencial para aprender de sus padres y cumplir su propósito especial. Lo diseñó para recibir instrucción de sus padres para la vida, las relaciones y la eternidad.

Los niños pequeños han recibido de Dios el deseo de relacionarse, ésta es la cuna del aprendizaje. En el vínculo especial de la relación con sus padres, el niño aprende que es amado y apreciado. Crece con un claro sentido de seguridad. En el abrazo del amor y la delicia paternal el niño pequeño aprende e imita el lenguaje, los modelos sociales, los valores, el carácter y la adoración de sus padres. Cada niño es creado formidable, maravillosamente, en el vientre de su madre.[10]

> padre (n.) Padre o madre; el que, o la que, engendra un hijo. Los deberes de los padres para con sus hijos son mantenerles, protegerlos y educarles. Cuando los padres están faltos de autoridad, los hijos están faltos de sumisión.

¿Sabía usted que el niño aún no nacido aprende desde antes de su venida al mundo? Mientras está siendo formado en el lugar secreto, aprende a reconocer la voz de sus padres y a responder a sus palabras. Se alimenta cuando se le lee la Palabra de Dios y oye buena música en casa. Oye a sus padres orar por él, y siente su toque en la barriga de la madre. En el nacimiento, el bebé reconocerá instintivamente el rostro de su madre y se volverá a la voz de sus padres.

La ternura del vínculo que une a los padres con sus hijos se evidencia en las muchas palabras hebreas que designan «hijo», las cuales son al menos veinte.[11] *Los niños que se inician en la vida con esta base de amor, confianza y seguridad aprenden y se desarrollan más rápidamente social, intelectual y espiritualmente.* El amor a Dios de la madre y el padre se comunica y es experimentado naturalmente por el niño en todo lo que hacen juntos. Esto, a su vez, abre el espíritu del niño para desear entender lo que sus padres le están diciendo e imitar lo que están haciendo. ¡Qué maravillosos son los caminos que Dios ha diseñado para que los hijos aprendan de sus padres!

Cada niño ha sido diseñado por Dios para ocupar un tiempo y lugar señalado en su historia

Dios tiene un plan y un propósito para la vida de cada niño: *«Según nos escogió en Él antes de la fundación del mundo»* (Ef 1:4). El llamamiento del joven rey Josías fue profetizado tres siglos antes de su nacimiento.[12] Antes que Jeremías fuese formado en el vientre, Dios le escogió para ser profeta a las naciones.[13] El apóstol Pablo fue *«apartado desde las entrañas de su madre»* (Gá 1:15). Sansón, Juan el Bautista y Jesús, son otros ejemplos bíblicos del divino propósito revelado antes del nacimiento. Estos niños no fueron excepciones. Dios escoge el tiempo histórico en el que nace cada niño, sus padres y el lugar geográfico de su nacimiento. Estos factores son deliberadamente escogidos para cumplir un propósito particular dentro de su glorioso plan. Mardoqueo, tío de Ester, la retó a estar dispuesta a entregar su vida por la salvación de su pueblo: «*¿Y quién sabe si para una ocasión como ésta tú habrás llegado a ser reina?*» (Est 4:14b). El cumplimiento del propósito divino resulta de conocer a Dios y de andar en sus caminos.

El propósito de Dios para los niños del siglo XXI requiere padres que estén entregados a criar a sus hijos con un corazón lleno de pasión por el Dios vivo. En tiempos de Jeremías, allá por el 640 a. C., un niño de ocho años llamado Josías fue coronado rey de Judá.[14] Tanto el padre como el abuelo de Josías fueron reyes malvados, pero su bisabuelo fue un rey justo y reformador religioso. La madre de Josías, Jedida, debió de ser una mujer piadosa que ejerció una profunda influencia en su hijo. Josías reinó 31 años en Jerusalén «*e hizo lo recto ante los ojos del SEÑOR*» (2 Reyes 22:2). Cuando aún era pequeño empezó a orar fervorosamente por su nación. Y Dios puso en su corazón el restaurar la casa del Señor. Entonces se halló la Palabra de Dios enterrada en el templo. Cuando Josías oyó la Palabra de Dios, se apesadumbró mucho porque su nación había desobedecido los mandamientos del Señor y caído en grave declive moral. La Palabra de Dios provocó una revolución en la manera de pensar de Josías y en sus prioridades como rey. Él restauró la Palabra de Dios al pueblo y lideró la mayor reforma espiritual y cultural de la historia de Israel antes de la venida de Jesucristo.

Dios busca padres inspiradores para criar hijos como Josías, niños cuyos corazones se muestren celosos por la justicia y la rectitud del Señor. Él desea que toda una generación de Josías aprenda a pensar y razonar en la verdad de Dios. Está llamando a una generación de jóvenes, hombres y mujeres, que abracen los principios y la visión de su reino y respondan con pasión, sabiduría, obediencia y amor a Dios. Ellos están destinados a ser ciudadanos piadosos en su nación y líderes en todas las esferas de la sociedad y a reformar su cultura para Cristo.

PRINCIPIO 1:
Todo niño necesita amor incondicional y salvación de su naturaleza pecaminosa, los cuales Dios ha provisto a través de su Hijo

La Biblia enseña que todos los niños han heredado una naturaleza pecaminosa por causa del pecado de Adán y Eva.[15] Por tanto, todo niño necesita recibir el amor y la salvación de Dios por fe en el sacrificio de Jesucristo por sus pecados.[16] El pacto que Dios hace con un padre cuando acepta a Cristo no es sólo para sí mismo, sino para su casa. El Señor mandó a Noé: «*Entra en el arca tú y todos los de tu casa*» (Gn 7:1). «*Por la fe Noé… preparó un arca para la salvación de su casa*» (Heb 11:7). Dios considera a la familia una unidad bajo el liderazgo del padre. «*Y estableceré mi pacto contigo y con tu descendencia después de ti, por todas sus generaciones, por pacto eterno, de ser Dios tuyo y de toda tu descendencia después de ti*» (Gn 17:7).

La fe obediente del padre libera la gracia de Dios para toda la familia. La fe de Noé en las promesas de Dios, para sí y para sus hijos, y su obediencia en enseñarles los caminos del Señor permitió a Dios cumplir lo que había declarado. El pacto de Dios es con el hombre y con su descendencia. Los hijos de padres cristianos son «*como Isaac* [hijo de Abraham], *hijos de la promesa*» (Gá 4:28). Los padres cristianos confían, apoyados en la Palabra de Dios, en conducir a sus hijos a conocer a Dios por sí mismos.

Aplicación de este principio en su vida

1. Si no ha recibido a Jesucristo como su Señor y Salvador, tenga en cuenta que Dios le llama a usted y a toda su familia. «*Cree en el Señor Jesús, y serás salvo, tú y toda tu casa*» (Hch 16:31).

2. Lea y obedezca la Palabra de Dios para que su vida demuestre a su hijo las bendiciones, el amor y la sabiduría de Dios. El poder de la instrucción paternal depende de quién es uno y de la forma en que vive delante de sus hijos.

3. Busque la sabiduría de Dios para guiar a su hijo a querer conocer a Dios.

4. Ore por la salvación de su hijo desde el momento de su concepción.

PRINCIPIO 2:
Todo niño necesita una visión de lo que puede llegar a ser y a alguien que cultive su singularidad, la inspire y le ayude a creer en Dios para alcanzarla.

Cada niño es único y tiene una vocación divina. Debe saber que ha sido diseñado por Dios para un tiempo y lugar señalados en la historia. A veces Dios toma la iniciativa y declara su propósito a los padres, como hizo con los padres de Sansón, Juan el Bautista y Jesús. Cuando los padres de Sansón recibieron la noticia de que iban a tener un hijo, el padre rogó al Señor instrucción para saber: «*lo que hemos de hacer con el niño que ha de nacer*» (Jue 13:8b).

Hay cierta preparación similar para todos los niños, pero cada uno está diseñado para un propósito y lugar particulares en la historia divina. Por lo tanto, los padres necesitan pedir a Dios guía y sabiduría. Los padres deben reconocer y afirmar la singularidad de sus hijos y provocar los dones y atributos de cada niño. Cada uno de ellos es una tierna planta del Señor que ha de ser cultivada. Los padres han de proteger el corazón del niño de las fuerzas destructivas. Su alma y su espíritu han de alimentarse con la verdad y con experiencias de aprendizaje de la virtud que desarrollen su potencial en Cristo.

Aplicación de este principio en su vida

1. Enseñe a su hijo basándose en los modelos de los niños y los jóvenes que aparecen en la Biblia: cada uno de ellos fue dotado de capacidades propias y singulares que Dios le concedió para cumplir su plan y su propósito. Enseñe a su hijo pasajes de Escritura relacionados con la formación del plan personal de Dios para su vida desde antes de la fundación del mundo. Inculque en él, o en ella, admiración y deseo de conocer y cumplir el plan divino para su vida.

2. Busque a Dios en oración para que su hijo descubra y abrace su propósito, y pasajes de Escritura por los que orar durante su infancia y juventud.

3. Mientras su hijo es aún pequeño, enrólele en actividades que afirmen su individualidad. Por ejemplo, sumerja sus dedos en pintura al temple e imprima sus huellas digitales: no hay otra huella en el mundo como la suya, ni rostro, voz o escritura

idénticos a los suyos. Planee actividades creativas que reflejen su expresión singular. ¡Él/ella es verdaderamente único!

4. Cultive los dones e intereses de su hijo. Escriba una de sus historias antes que él mismo pueda hacerlo. Después de estudiar Proverbios, pídale que escriba su propia historia. Identifique los talentos y capacidades naturales que Dios le ha concedido y provóquelos, tanto con palabras de ánimo como con experiencias de aprendizaje.

PRINCIPIO 3:
Dios edifica de dentro afuera. El corazón es el centro de mando desde donde el niño gobierna su voluntad y sus elecciones

La vida del niño fluye de su corazón, de dentro afuera. Como padres, tenemos que cultivar verdad, amor, bondad y hermosura en el corazón del niño y protegerle de influencias que hurten la vida de su corazón. «*Con toda diligencia guarda tu corazón, porque de él brotan los manantiales de la vida*» (Pr 4:23). Los padres deben plantearse como objetivo ayudar a sus hijos a gobernar su corazón conforme a los principios de la vida en el reino de Dios. El reino de Dios se basa en su rectitud y su justicia y está motivado por el amor. En el corazón del padre debe establecerse reverencia a la autoridad de Cristo para poder impartirla al corazón de sus hijos. Dios quiere que los hijos aprendan obediencia partiendo de un corazón de amor por Él y por los padres. Los hábitos preceden al entendimiento de los principios. El niño habituado a gobernarse a sí mismo se mostrará receptivo a la instrucción de los principios de la Palabra de Dios. Un niño puede ser enseñado a ejercer su voluntad para gobernar su pensamiento, elecciones, decisiones, conducta y propiedad.

Aplicación de este principio en su vida

1. Haga saber a su hijo que usted le ha entregado a Dios en un pacto. Sea gentil, pero firme en comunicarle que esta es la razón por la que no puede ceder a su voluntad cuando es pecaminosa. Usted ha prometido a Dios educarle de tal manera que su voluntad agrade al Señor.

2. Explique a su hijo que el escoger obedecer la ley de Dios es una elección que acarrea vida, paz y bendición. Inspire a su

hijo a la obediencia, a valorar lo que Dios valora, para que desee cada vez más en su corazón lo que Dios desea.

3. Sustente el corazón de su hijo con literatura clásica cristiana cuyos personajes expresen jubilosos el gozo de la vida cuando escogen los caminos del Señor. Converse con su hijo acerca de que sus ideas determinan sus elecciones y que éstas acarrean consecuencias.

4. Cuando sea necesaria la disciplina, impártala en amor, no cuando esté airado. Muestre una confianza paciente y constante en la capacidad de su hijo en tomar decisiones sabias.

PRINCIPIO 4:
Los niños necesitan verdades y vocabulario bíblico como base para adorar a Dios, así como para imaginar y razonar cristianamente.

Por haber sido diseñado a imagen de Dios, el hombre fue dotado de lenguaje en su creación. (Véase el capítulo 5.) Dios dotó de lenguaje al hombre en primer lugar para poder tener amistad con Él y para alabarle y adorarle. Usamos el lenguaje para razonar, comunicar, gobernar y bendecir a otros. A medida que el niño aprende la definición bíblica de las palabras, su mente va siendo conformada por la verdad y protegida del engaño de la cultura que le rodea. La base de la capacidad del niño para imaginar, pensar y razonar cristianamente radica en su familiaridad con las palabras bíblicas e ideales cristianos. «*Y no os adaptéis a este mundo, sino transformaos mediante la renovación de vuestra mente, para que verifiquéis cuál es la voluntad de Dios: lo que es bueno, aceptable y perfecto*» (Ro 12:2). La transformación se produce de dentro afuera. A medida que los pensamientos del niño abundan y rebosan en pensamientos y palabras de Dios, se irán formando sus propias ideas, y sus elecciones y su comportamiento reflejarán tales ideas.

Las culturas que han producido literatura más perdurable y prolífica son aquellas en las que la gente estaba bien versada en la Palabra de Dios. Las culturas influidas por la Biblia no sólo fueron excelentes por lo que respecta a la literatura, sino también en las bellas artes, las ciencias, los inventos y la empresa. La Palabra de Dios encierra un poder divino que equipa la mente del niño y moldea su corazón en pos de la grandeza. Los niños educados e inmersos en el vocabulario y el razonamiento bíblicos serán líderes que contribuirán a la cultura de su comunidad.

Aplicación de este principio en su vida

1. Lea y cante pasajes de Escritura en voz alta a sus hijos a partir de su concepción.

2. Aparte un tiempo de reunión familiar para leer oralmente clásicos infantiles.

3. Tengan devoción y lectura bíblica diariamente en familia. Enseñe el significado de palabras y pasajes bíblicos (Diccionario Webster' 1828) a sus hijos. (Véase el capítulo 9.)

PRINCIPIO 5:
Los niños se comunican y aprenden no sólo mediante palabras, sino también a través de ojos y oídos espirituales

Dios ha incorporado la comunicación no verbal en la espiritualidad humana.[17] Los padres deben de estar atentos para «ver» y «oír» lo que sus hijos tratan de comunicar. Necesitan tomar nota de lo que el hijo quiere comunicar, aparte de las palabras que dice, y mirar y escuchar con ojos y oídos espirituales. Del mismo modo, los padres deben ser conscientes de que comunican y enseñan a sus hijos mediante actos no verbales. Los niños captan fácilmente la contradicción entre lo que ellos dicen y hacen. Sus almas asimilan lo que disciernen en su espíritu del ejemplo que les damos acerca de nuestros auténticos valores y creencias. Los padres arrastran a veces sin darse cuenta modelos de sus propios padres. La lectura y la meditación de la Palabra, en tiempos diarios con el Señor, lograrán que esos modelos se conformen a la naturaleza de Dios.

Aplicación de este principio en su vida

1. Note áreas de incoherencia entre sus actos y sus palabras. Haga de la Palabra de Dios su norma.

2. Observe las expresiones faciales del niño cuando está hablando con él. Considere lo que da a entender con sus ojos, su tono de voz y sus actos mientras «escucha» su espíritu y conversa con él.

3. Ore para discernir espiritualmente el espíritu de su hijo, y por sensibilidad espiritual y sabiduría en su relación con él.

Pensamientos finales

¿Qué ha aprendido acerca del concepto que Dios tiene de los niños? ¿De qué manera difiere la concepción cristiana del niño de lo que usted creía? Todos los padres hallarán discrepancias entre la idea que Dios tiene de la naturaleza y el valor y del niño y la suya. Es un buen momento para reconocer la necesidad de ser transformado mediante la renovación de su mente en las áreas donde sus ideas no concuerdan con la Palabra de Dios.

> Querido Padre celestial, gracias por mostrarme por medio de la vida de Jesús con cuánta ternura estimas a mi hijo/a. Gracias por darme la oportunidad y la responsabilidad de presentártelo y criarle para que viva conforme a tus caminos. Perdóname por los aspectos en que he fallado y por haberme relacionado con mi hijo como lo hace el mundo. Me aparto del concepto que tiene mi cultura de los niños y te pido me indiques en qué aspectos mis ideas han sido moldeadas por lo que he aprendido de mi cultura. Enséñame a ver a mi hijo/a como Tú le ves. Enséñame a criarle conforme a tu llamado y propósito para su vida. Ayúdame a inspirarle a aceptar a Cristo como su Salvador y Señor. Ayúdame a inculcar en mi hijo/a amor por Ti y hambre por tu Palabra. Instrúyeme para saber cómo educar cada faceta de la vida de mi hijo creado a tu imagen. Amén.

Recursos adicionales

Adams, Carole G. «The Christian Idea of the Child.» *F.A.C.E. Journal, Vol. II*. San Francisco: Foundation for American Christian Education, 1991.

Barclay, William. *Educational Ideals in the Ancient World*. Grand Rapids: Baker Book House. 1959.

Bunge, M. J., ed. *The Child in Christian Thought*. Grand Rapids: Wm. B. Eerdmans, 2001.

Forbes, C. *Imagination: Embracing a Theology of Wonder*. Portland: Multnomah Press, 1986.

Glaspey, T. *Children of a Greater God*. Eugene: Harvest House Publishers, 1995.

Lindsley, Art. «The Importance of Imagination for C.S. Lewis and for Us.» *Knowing and Doing*. C.S. Lewis Institute Report, Summer 2001.

Murray, Andrew. *How to Bring Your Children to Christ*. Springdale, Pa: Whitaker House, 1984.

Stormer, J. *Growing up God's Way*. Florissant: Liberty Bell Press, 1984.

Tripp, Ted. Como Pastorear el Corazón de su hijo *Poiemia, Publicaciones 2011*. Medellín, Colombia.

Weber, H. *Jesus and the children*. Atlanta: John Knox Press, 1979.

Wilson, Marvin. *Our Father Abraham: Jewish Roots of the Christian faith*. Grand Rapids: Wm. B. Eerdmans, 1989.

Youmans, Elizabeth. *AMO® Apprenticeship Manual: Principles of Christian Education for Discipling Nations*. Orlando: Chrysalis International, 2011.

Youmans, Elizabeth. *The Noah Plan History and Geography Curriculum Guide*. San Francisco: Foundation for American Christian Education, 1998.

EL HOGAR COMO CENTRO VITAL DE APRENDIZAJE

Dios desea que cada hogar sea un centro vital de aprendizaje y que cada padre sea un maestro. La influencia del hogar es fundamental y tradicional. Transfiere la corriente vital de una generación a la siguiente, especialmente por lo que toca a tradiciones y costumbres, valores religiosos y formación del carácter. El hogar es la forma básica de la sociedad, una asociación de vida espiritual y natural. Como institución divina, tiene asignada una misión temporal y una misión eterna, por lo cual, debe proveer alimento físico y espiritual.

Dios desea que cada hogar sea un centro vital de aprendizaje y que cada padre sea un maestro. (Enfatizado).

mayordomo (n.) El que cuida la propiedad de otro.

Los padres son sacerdotes para sus familias y han recibido la divina comisión de actuar en favor de sus hijos como mayordomos fieles de Dios en todas las cosas relacionadas con su bienestar temporal y eterno. Como guardería espiritual, el hogar cristiano es donde se echan los cimientos cristianos del amor incondicional, el carácter cristiano y el autogobierno y donde se inculcan hábitos y obligaciones para la vida. La idea verdadera del hogar sólo se puede desarrollar plenamente en la esfera del cristianismo. Tristemente, muchos hogares cristianos actuales están corrompidos por la influencia de la cultura popular y apenas contrastan con los hogares seculares o paganos. No se enseña el conocimiento de Dios, y los padres se contentan con permitir que los dioses de la cultura popular eduquen a sus hijos. Actualmente millones de niños en hogares cristianos pasan horas interminables siendo entretenidos y manipulados por actividades no reflexivas, emitidas por los medios de comunicación, llenas de engaño e ilusión. Dios hizo una severa advertencia a su pueblo en un tiempo cuando, también ellos, habían dado la espalda a Dios para adorar a los dioses de su cultura:

> hábito (n.) Disciplina o condición de la mente o del cuerpo adquirida por la costumbre o la repetición frecuente del mismo acto. Un aspecto importante en la educación de los niños es el impedir la formación de malos hábitos.

> *Mi pueblo es destruido por falta de conocimiento. Por cuanto tú has rechazado el conocimiento, yo también te rechazaré para que no seas mi sacerdote; como has olvidado la ley de tu Dios, yo también me olvidaré de tus hijos* (Os 4:6).

El primer llamado divino a educar imparte a los padres el deber generacional de criar hijos que conozcan a Dios y obedezcan sus preceptos

En la Biblia, el primer llamado a educar fue transmitido del corazón paternal de Dios al corazón de Abraham poco antes de ser padre. El propósito divino y eterno de educar está ligado a su promesa de pacto, según la cual, en Abraham, todas las naciones serían bendecidas (Gn 17:1-7). Antes que Isaac fuera concebido, Dios habló esto a Abraham: «*Porque yo lo he escogido para que mande a sus hijos y a su casa después de él que guarden el camino del SEÑOR, haciendo justicia y juicio, para que el SEÑOR cumpla en Abraham todo lo que Él ha dicho acerca de él*» (Gn 18:19). Dios asignó a los

> deber (n.) Lo que una persona está ligada por obligación moral o legal a pagar, hacer o ejecutar por otro.

padres la responsabilidad prioritaria de educar a sus hijos. Para que las bendiciones divinas de pacto pasaran a las nuevas generaciones de su pueblo escogido, incumbía a los padres hebreos instruir y disciplinar a sus hijos en los preceptos y mandatos del Dios vivo y moral. (Léanse capítulos 4 al 6 de Deuteronomio.) Dios impartió a Abraham la visión del deber generacional por el que los padres forman el liderazgo futuro, ciertamente, ¡por medio de la educación! Dios entregó a los antiguos hebreos su Ley escrita y sus decretos para que no los olvidaran. El conocer y obedecer los preceptos y los mandatos de Dios consagró sus mentes y corazones, les protegió del mal y les aseguró abundante prosperidad (véase Deuteronomio 28).

Como guardianes y mayordomos de la siguiente generación, cada generación de padres ha recibido el mandato divino de «pensar generacionalmente» y enseñar la Verdad a sus hijos para impartir vida y liderazgo cristianos.

Las naciones necesitan hoy un concepto bíblico, cristiano, de la educación

Como institución divina, el primer propósito de la educación es impartir Verdad. Por tanto, el principio fundacional de la educación bíblica es mostrar a Jesucristo y su Palabra. La Verdad se ha encarnado en Jesucristo, Palabra Viva de Dios, y está recogida en la Biblia, el manual divino para la vida. Por lo cual, la educación es una arena importante de la batalla espiritual que tiene lugar en el mundo. Por esta razón, la educación no es neutra, como muchos cristianos creen. La educación es una función religiosa de la sociedad que genera los ideales, las tradiciones y el carácter de la próxima generación. Lo que un individuo cree acerca de Dios y del gobierno forma su cosmovisión de la educación.

> El principio fundacional de la educación bíblica es mostrar a Jesucristo y su Palabra.

La educación fue bíblicamente definida por Noah Webster, padre de la educación cristiana en EEUU en su *American Dictionary de la lengua inglesa* de 1828, uno de los pocos diccionarios cuyas definiciones incluyen significados bíblicos:

> La crianza de un niño, la instrucción, la formación de modales. La educación comprende una serie de instrucciones y disciplinas destinadas a iluminar el entendimiento, corregir la compostura y

moldear los modales y los hábitos de la juventud para hacerlos aptos y útiles en fases posteriores de la vida. Es importante dar a los niños una buena educación en modales, artes y ciencia; es indispensable impartirles educación religiosa; los padres y tutores que descuidan estas obligaciones incurren en una irresponsabilidad inmensa.

Webster define la educación integral del niño y señala a los padres como principales mayordomos. Dado que los niños han sido divinamente confiados, los padres son responsables de buscar la voluntad y la providencia de Dios para criar a cada uno de ellos. Los padres deben implicarse activamente en la instrucción espiritual y la formación del carácter de sus hijos, y conocer el contenido de su instrucción académica en cada nivel de aprendizaje, ya sean ellos sus instructores principales, o estén siendo ayudados por maestros cualificados.

Actualmente, muchos cristianos abdican la educación y la disciplina de sus hijos, desde edad muy temprana, en manos de otros instructores fuera del hogar: ayudantes de guardería, maestros y entrenadores, maestros de la escuela dominical, pastores de jóvenes y otros especialistas. Tristemente, la mayoría de los padres cristianos envían a sus hijos a escuelas estatales,[1] que enseñan públicamente un sistema anticristiano de creencias y producen un carácter dependiente del estado. Lo que es aún más alarmante es que muchos maestros y profesores de escuelas y colegios cristianos incurren en una mentalidad dualista y son incapaces de establecer y defender la verdad en sus asignaturas. El currículum de muchos centros escolares cristianos imparte la misma filosofía secular de educación y gobierno que la escuela pública. Ojalá que los padres se arrepientan, se vuelvan de corazón al corazón de sus hijos y restauren sus hogares como centros de aprendizaje cristianos.

PRINCIPIO 1:
Los padres necesitan visión y un plan para criar a cada hijo para la vida y el liderazgo

El Antiguo Testamento proporciona inspiración a los padres para desempeñar el rol de equipar a sus hijos para la vida y el liderazgo. El libro de Jueces relata la historia del nacimiento de Sansón en un tiempo muy parecido al nuestro en el que *cada uno hacía lo que le parecía bien ante sus ojos*» (Jue 21:25). La narración comienza con la visitación del ángel del Señor, que se aparece a la esposa estéril de Manoa. Le dijo que pronto daría a luz un hijo que libraría a Israel de sus enemigos. Al saber que iban a ser padres, Manoa imploró: «*Te ruego Señor, que el hombre de Dios que tú enviaste venga otra vez a nosotros, para que nos enseñe lo que hemos de hacer con el niño que ha de nacer... ¿cómo debe ser el modo de vivir del muchacho y cuál su vocación?*» (Jue 13:8, 13). Dios escuchó la súplica de Manoa y volvió a darles instrucciones acerca del llamado de su hijo al liderazgo. Puesto que Sansón fue consagrado al Señor, hubo algunas restricciones que le apartaron de los otros niños de su aldea. No obstante, al obedecer las instrucciones de Dios, Sansón creció para cumplir el propósito divino en la derrota de los filisteos. Lo sorprendente de este relato es que el ángel, cuyo nombre era «*Admirable*», (Jue 13:18; Is 9:6, RV60) era realmente una manifestación de Dios (teofanía) o Jesucristo pre-encarnado, quien se apareció dos veces a aquella madre (lea el capítulo 13 de Jueces e inspírese.) Este es el grado de importancia que Dios concede a los padres para educar y discipular a su hijos a fin de cumplir su plan eterno. Este hijo de la promesa se convirtió en libertador de su pueblo. Sansón fue juez veinte años y demostró gran coraje y amor por los israelitas. Su inmoralidad sexual le llevó finalmente a la ruina, lo que hace que su vida sea una herramienta valiosa para enseñar a la juventud la importancia de obedecer la Palabra de Dios y poseer un carácter moral.

Como Manoa, usted puede confiar que si pide humildemente al Señor sabiduría para criar a sus hijos Él no sólo le proporcionará revelación específica y visión para cada hijo, sino también un plan práctico a seguir. El plan de Dios para cada niño complementa los dones y talentos específicos con que Él le dota en el seno de su madre. Dios provee abundantemente para que cada niño logre su pleno potencial y su destino en Cristo. (Léase el Salmo 139.) De la misma manera, cada niño recibe un llamamiento, al igual que «*David, después de haber servido el propósito de Dios en su propia generación*» (Hch 13:36). Dios es generoso en su provisión para la paternidad y siempre está dispuesto a responder las peticiones de los padres para ayudarles. «*Pedid, y se os dará; buscad, y hallaréis; llamad, y se os abrirá. Porque todo el que pide, recibe; y el que busca, halla; y al que llama, se le abrirá*» (Mt 7:7, 8).

Aplicación de este principio en su vida

1. ¿Tiene usted visión y plan educativo para cada uno de sus hijos? Si no es así, ore y pida al Señor que le dé una imagen de su propósito divino para cada hijo. Como Manoa, pida al Señor que le guíe para enseñar y discipular a cada uno de ellos. Escriba la visión y féchela. Póngala en su Biblia y úsela cuando ore por su hijo y le bendiga.

2. Pida al Señor que le muestre cuáles son los dones y capacidades naturales y espirituales del niño. Dios dota a cada niño en el seno materno con las facultades que le ayudarán a cumplir el llamado divino. Esto es, en esencia, lo que significa Pr 22:6: *«Enseña al niño el camino en que debe andar, y aun cuando sea viejo no se apartará de él».*

3. Disponga un ambiente apacible en su hogar donde la familia pueda tener tiempos de reflexión. Compile una biblioteca de libros y recursos infantiles adecuados.

4. Disponga herramientas para el estudio personal de cada niño: Biblia, diario de oración, cuaderno de anillas, papel, lápices de color, mapamundi, etc.

PRINCIPIO 2:
Para criar hijos en Cristo es necesario abrazar una concepción cristiana holística del mundo y de la vida

Actualmente, muchos cristianos tienen un concepto fragmentado, dualista, del mundo y de la vida enraizado en la división sagrado-secular de la antigua filosofía griega. Los griegos dividían la creación en dos ámbitos auto-existentes y creían que el ámbito espiritual era superior al físico. Así pues, consideraban que la parte invisible del hombre era pura, mientras que la material estaba corrompida. La antigua cosmovisión hebrea se opone a la perspectiva griega. Los hebreos consideraban al hombre en su totalidad, creado a imagen de Dios para su gloria. Deuteronomio 6:5 reconoce la visión que Dios tiene del hombre como una totalidad integrada: *«Amarás al SEÑOR tu Dios con todo tu corazón, con toda tu alma y con toda tu fuerza».* Los hebreos entendían que, como hijos del Dios de pacto, ellos debían saber leer y escribir y enseñar la Ley de Dios para una vida de servicio,[2] obediencia y santidad.

Dios los apartó en todos los órdenes de la vida[3] para que Israel fuera luz para las naciones gentiles. Ellos creían que Dios les había escogido para esta tarea especial y que la Torá les había sido dada para mantener su enfoque en esta asignación.

El hogar hebreo era el primer centro educativo, y ambos padres compartían la responsabilidad de enseñar y disciplinar. Criaban a cada hijo en espíritu, alma y cuerpo, integrando las tres dimensiones en su enseñanza. Dios les mandó instruir a sus hijos mientras se sentaban en casa, andaban por el camino, al acostarse y al levantarse.[5] Esta concepción del hombre como ser integrado se reitera en el Nuevo Testamento: «*Y que el mismo Dios de paz os santifique por completo; y que todo vuestro ser, espíritu, alma y cuerpo, sea preservado irreprensible para la venida de nuestro Señor Jesucristo*» (1 Ts 5:23), énfasis añadido).

> Torá (n.) «El texto más importante del judaísmo. Se compone de los cinco libros de Moisés y también contiene los 613 mandamientos (mitzvot) y los Diez Mandamientos. La palabra «Torá» significa "enseñar"».[4]

La vida del niño se consideraba particularmente santa, y especialmente sagrado el deber de llenarla de pensamientos de Dios. La madre hebrea era la primera maestra del niño y su sonrisa su primera lección. Ella criaba a su hijo por tres años y oraba para descubrir las formas concretas de cumplir el propósito de Dios en su vida. Encendía la lámpara de su espíritu con aceite puro e imprimía la Palabra de Dios sobre su alma (Éx 11:18). La memoria del niño era ejercitada con esmero antes de los tres años y se le enseñaba a leer y escribir antes de los cinco. A esa edad ella le iniciaba en el aprendizaje de los Salmos, el himnario hebreo, y enseñaba a su hijo la mano providencial de Dios en la historia de su pueblo. Se tomaba el rol en serio para impartir a su pequeño las tradiciones domésticas y las canciones festivas de la cultura hebrea.

El padre hebreo era guardián, protector y principal instructor de la Torá. Para los judíos, el conocer las Escrituras era su vida (Dt 30:19, 20). La Torá producía la fe viva y el carácter firme que demostró el joven Daniel y sus tres amigos hebreos durante su cautiverio en Babilonia. Instruidos desde temprano por sus padres en la Ley de Dios, sus mentes se aferraron tenazmente a la verdad, aunque fueran brutalmente desterrados de su hogar en Jerusalén y transportados a la inmoral Babilonia, el «Hollywood» del mundo antiguo». Educados en la escuela caldea de estadistas de Nabucodonosor, rehusaron valientemente su rica dieta alimenticia y demostraron perspicacia intelectual y espiritual cuando se graduaron.

El joven Daniel no sólo fue seleccionado por el rey para ser líder nacional como prefecto en Babilonia, sino también por Dios para ser destacado profeta para los judíos. Estos cuatro jóvenes nunca sucumbieron al sistema mundano prevaleciente ni se inclinaron ante ídolos paganos. Se plantaron por la Verdad de la Palabra de Dios ante el rostro de la muerte. Demostraron ser líderes piadosos en medio de una civilización tenebrosa y nos dejaron un rico legado para dejar a nuestros hijos.

Jesús es el modelo de tradición hebraica de crianza integral del niño

Hay otros ejemplos alentadores de crianza bíblica integral. Se dice del joven Samuel (1 S 2:26), de Juan el Bautista (Lc 1:80) y de Jesucristo (Lc 2:40, 52), que cada uno de ellos *«crecía en sabiduría, en estatura y en gracia para con Dios y para con los hombres»*. Aunque no conocemos los detalles de la vida doméstica de Jesús, sí sabemos el fruto que dieron: *«Y Jesús crecía en sabiduría, en estatura y en gracia para con Dios y los hombres»* (Lc 2:52). Este versículo define cuatro áreas en las que Jesús creció: física, intelectual, espiritual y social.[6]

En los tiempos de Jesús los niños eran instruidos en casa por sus padres. Pero a los seis años, tanto las niñas como los niños podían leer y escribir y recibir educación formal en las escuelas de la sinagoga con la Biblia judía como libro de texto ¡exclusivo por cinco años! A resultas de ello, no hay ninguna otra nación en la historia en la que los niños hayan sido más a conciencia educados que el antiguo Israel. No hay razón para creer que Jesús fuera educado de otra manera. La descripción del desarrollo de su infancia refleja el énfasis hebreo de educar al hombre entero para el tiempo presente y para la eternidad. Jesús alcanzó su pleno potencial en el contexto de la familia hebrea. Puesto que María y José obedecieron las instrucciones que Dios les había dado, Jesús estuvo perfectamente equipado para cumplir la Ley y la voluntad de su Padre celestial: recibió amor, provisión para su cuerpo físico, instrucción en la Ley y las disciplinas espirituales, instrucción como carpintero,[7] disciplina para honrar y obedecer a sus padres,[8] y fe para cultivar una relación con su Padre celestial.[9]

La vida notable de Susana Wesley

Los padres se pueden inspirar también en la vida notable de la puritana inglesa Susana Wesley (1669-1743), madre de John y Charles Wesley. Su noble legado de madre perdura hoy como modelo extraordinario para todos los padres cristianos. Susana fue la vigésimo quinta hija del distinguido pastor y erudito puritano del siglo XVII, Dr. Samuel Annesley, sobre cuyas rodillas ella recibió una excelente y clásica educación doméstica. Susana describió la práctica religiosa que observó en su niñez:

> Les confesaré la norma que observé cuando... —era pequeña y en exceso adicta a las diversiones infantiles—, fue la siguiente: no pasar nunca más tiempo de recreo del que dedicaba cada día a mi devoción religiosa privada.[10]

Susana se casó con un pastor puritano antes de cumplir los veinte años y dio a luz diecinueve hijos, de los cuales, sobrevivieron diez. Su devota costumbre y sus métodos educativos y de crianza se remontaban a su propia infancia. Su padre consideraba la unidad familiar como un microcosmos de la Iglesia, de manera que llegó a escribir: «¿No deberían las familias ser pequeñas comunidades bien estructuradas, pequeñas iglesias bien disciplinadas?» Para Susana esto significaba disciplina firme, madurez espiritual, buena educación y abnegada preocupación por el bienestar de los demás. Con profundo amor e interés por el alma de sus hijos, y con métodos bíblicos de instrucción y disciplina, los educó a todos para el liderazgo cristiano. Invertía seis horas diarias en la educación formal de sus hijos, la cual inició cuando habían cumplido los cinco años.

Susana a menudo se quedaba sola mientras su marido emprendía viajes relacionados con su ministerio eclesiástico, y no obstante, gobernaba su ordenado hogar con la ayuda de una sola criada, daba clase en casa a todos sus hijos y oraba dos horas al día. Programó su horario y se las arregló para dedicar una hora diaria de atención ininterrumpida y tiempo personal a cada uno de sus hijos. A pesar de que tuvo que soportar muchas tribulaciones y dificultades económicas, dedicó su vida a cultivar el propósito divino en cada uno de ellos. De los diez hijos de los Wesley, tres se graduaron en la Universidad de Oxford y fueron ordenados por la Iglesia Anglicana. John Wesley, evangelista y fundador de iglesias, fundó también el Metodismo y sembró el evangelio en las colonias inglesas de América del Norte, mientras que su hermano, Charles, escribió miles de poemas e himnos que aún hoy forman parte de los himnarios de las iglesias.

A pesar de las limitaciones que sufrían las mujeres de aquel tiempo, Susana Wesley practicó una conciencia personal al tiempo que observaba las verdades de la Escritura. Más adelante, cuando su hijo

John le preguntó qué normas debía observar para la crianza de sus propios hijos, ella las compiló en una larga carta. Años después, él incorporó aquella carta a su diario. Su primer principio fue: «Subyuga la voluntad del niño e incúlcale un temple obediente, ya que la religión no es otra cosa que hacer la voluntad de Dios y no la nuestra. La obstinación es la raíz de todo pecado y miseria». Los principios de crianza y disciplina de Susana Wesley bien merecen hoy nuestra reflexión y consideración. He aquí un breve resumen:

- Subyugue la obstinación de sus hijos.
- Enséñeles a orar tan pronto como sepan hablar.
- En tanto sean pequeños, deben estar en la cama a las 20:00 horas.
- Exíjales que se estén quietos mientras dura el culto familiar.
- No les dé nada que pidan llorando, y concédaselo únicamente cuando lo pidan cortésmente.
- Para evitar la mentira, no castigue las faltas confesadas de las que se hayan arrepentido.
- Nunca permita que un acto pecaminoso quede sin castigo.
- No castigue nunca dos veces a un niño por una sola falta.
- Elogie y recompense la buena conducta.
- Cualquier intento de obediencia, aunque torpemente ejecutado, debe ser alabado.
- Preserve el derecho de propiedad, incluso en los asuntos más pequeños.
- No prometa nada que no está seguro que pueda cumplir
- No exija a sus hijas trabajar antes que sepan leer bien.
- Enseñe a sus hijos a temer la vara.[11]

Susana creía que para que un niño madure y adquiera dominio de sí mismo como adulto, antes debe haber sido disciplinado por sus padres. Descubrió que la terquedad de la carne es la batalla más difícil que tienen que combatir los cristianos, y que los padres cristianos harán bien en instruir a sus hijos para vencer la carne temprano en la vida. El siguiente fragmento forma parte de sus escritos:

> Cuando la voluntad de un niño está totalmente sometida y éste llega a observar reverencia sumisa a sus padres, entonces muchas grandes insensateces infantiles pueden ser evitadas. Insisto en la conquista temprana de la voluntad de los niños, porque este es el único fundamento sólido y racional de la educación religiosa. Cuando esto se lleva a cabo a rajatabla, entonces el niño es capaz de gobernarse por la razón y la piedad.[12]

Aplicación de este principio en su vida

1. Como Susana Wesley, interceda regularmente por cada niño. Proclame las promesas de Dios para él/ella.

2. Enseñe a su hijo a orar y a mantener un diario de oración.

3. Padres y madres, aparten tiempo para estar con cada hijo individualmente al menos una vez por semana. Anótenlo en su calendario y recuérdenselo a cada hijo para que puedan planear con antelación ese tiempo a compartir.

PRINCIPIO 3:
Un padre tiene la responsabilidad de enseñar a su hijo el arte del dominio propio.

El discipulado incluye también enseñar al niño el conocimiento y el arte del dominio propio. El hogar es la esfera principal de gobierno; abarca ley, autoridad y obediencia. El principio cristiano del dominio propio significa que Dios rige internamente en el corazón del creyente. Para que esto sea posible, el individuo debe someterse voluntariamente a la voluntad o el Señorío de Jesús en su vida. La única alternativa es ser gobernado por una fuerza o ley externa. El gobierno es primeramente interno (causa) y después se extiende hacia afuera (efecto). *«Pues si un hombre no sabe cómo gobernar su propia casa, ¿cómo podrá cuidar de la iglesia de Dios?»* (1 Ti 3:5). El concepto neo-testamentario de liderazgo y autoridad enseña que un hombre no puede gobernar bien en las esferas civil o eclesiástica si no sabe gobernar

gobierno 1) control; limitación. 2) Ejercicio de autoridad. 3) Dirección, regulación.

bien su familia. Un hombre no puede gobernar bien su familia si no sabe gobernarse a sí mismo y someter sus pensamientos, apetitos y razón al Señorío de Jesucristo para obedecerle voluntariamente.

Lo primero que deben enseñar los padres a sus hijos es que la fuente de toda ley, autoridad y gobierno está en Dios, según se define en su Palabra. Dios delega su autoridad a los padres, quienes le representan en el gobierno del hogar. Cuando los hijos obedecen a sus padres como al Señor, en realidad están obedeciendo a Dios. El auto-gobierno cristiano hace de la Ley de Dios requerimiento del corazón (interno). Va más allá de la autodisciplina o el autodominio, porque está motivado por un corazón que ama a Dios y desea obedecer su ley. El autodominio puede estar motivado por el egoísmo o por el temor al castigo. Cuanto más obedece uno la voluntad de Dios (o a su representante delegado) y más autogobierno ejerce, menos fuerza, ley o gobierno externo precisará. El individuo debe nacer de nuevo para someterse voluntariamente a la gobernanza de Dios. Cuando Cristo mora en nosotros, Él planta el reino de Dios en el corazón y nos da su Espíritu Santo para enseñarnos, revelarnos e interpretarnos la ley (Jer 31:31; Mt 18:1, 3). El autodominio cristiano requiere amor, gracia y práctica de por vida.

Los niños pequeños necesitan normas y límites para su protección. A medida que van creciendo, se les debe asignar deberes y responsabilidades para que aprendan a ejecutarlos alegre y voluntariamente. El autogobierno cristiano se fortalece cuando se da a los niños oportunidades para practicar y crecer en un ambiente cariñoso y se les encomia o halaga a menudo. Se pueden cometer errores, pero si se aprende la lección en un ambiente de amor, entonces se fortalecerá el autogobierno. *«Mejor es el lento para la ira que el poderoso, y el que domina su espíritu que el que toma una ciudad»* (Pr 16:32). El autor y educador cristiano James Rose ha escrito:

> El autogobierno cristiano en el hogar no significa ceder autoridad a los hijos. Supone delegar autoridad en el niño para que lleve a cabo una tarea o asignación bien definida y recabar responsabilidad por la confianza que se le ha depositado. Para que un niño aprenda a «gobernar sobre muchas cosas» es necesario que disponga de oportunidades diarias de «ser fiel en cosas pequeñas» y de aceptar voluntariamente autoridad con responsabilidad, libertad con ley (requisitos o normas de conducta claramente especificados) (Mt 25:21).[13]

Pacto de familia

Inserte su foto de familia

Nosotros, padres e hijos de la familia _____ , a fin de crear: (1) un ambiente alegre, bien ordenado y armonioso en el hogar, (2) establecer normas justas de conducta, (3) estimular una vida de aprendizaje, (4) impulsar la vocación divina de cada miembro y su pleno potencial en Cristo, (5) asegurar las bendiciones de la libertad, y (6) transmitir el legado de nuestra familia a la siguiente generación, establecemos este pacto para gobernarnos a nosotros mismos.

Por este pacto nos comprometemos a lo siguiente:

- Obedecer con alegría a Dios y a los que ejercen autoridad
- Buscar diariamente la comunión con Cristo por medio de las disciplinas espirituales
- Sostener Colosenses 3:12-25 como nuestra norma de conducta
- Amar incondicionalmente
- Respetar la individualidad y la propiedad de los demás de palabra y de hecho
- Gestionar sabiamente la propiedad personal y la compartida
- Ser amable, honesto y perdonador en todas las relaciones
- Esperar siempre y procurar atender a sus necesidades
- Participar en las actividades familiares con gracia y gratitud
- Ser hospitalario con los vecinos y los amigos

Firma de los padres y los hijos
(los niños pequeños pueden estampar su huella digital)

El autogobierno cristiano supone también enseñar a los hijos las tres funciones de gobierno que operan en la Trinidad, como indica Isaías 33:11, esto es, 1) planear; 2) ejecutar; 3) evaluar. Los niños deben aprender a invertir y administrar bien su tiempo, sus obligaciones y sus propiedades internas y externas. Deben hacer planes y cultivar el hábito de evaluar los resultados después de ejecutarlos. Al hacerlo, crecen en sabiduría, autogobierno y carácter cristiano. Otros seguirán de manera natural su ejemplo.

Una herramienta excelente para practicar el autogobierno cristiano en el hogar es el «pacto de familia». Un pacto o convenio es un consentimiento mutuo o promesa entre dos o más personas para andar conjuntamente con arreglo a términos específicos. El matrimonio es un ejemplo de relación de pacto. Las condiciones del acuerdo suelen concretarse por escrito y los individuos se comprometen con su firma a aceptar las condiciones pactadas. El pacto es un concepto bíblico enraizado en la misma naturaleza de Dios, que ha caminado con el hombre desde el principio de la historia mediante pactos eternos. Sus pactos estipulan las condiciones de la relación, son inmutables e irrevocables.

Un pacto de familia se suscribe por padres e hijos, si éstos tienen edad suficiente, y se firma voluntariamente por todos y cada uno de ellos en presencia de los demás. Debe colgarse en algún lugar del hogar como recordatorio y punto de referencia. Esboza una norma de comportamiento justo y honesto en vez de dictar una larga lista de normas a seguir. (Recuerde, cada norma establecida, así como su consecuencia correspondiente por causa de desobediencia, debe ser reforzada.) El pacto apela a la conciencia (conocimiento del bien y del mal) y el consentimiento de los firmantes (interno) en vez de seguir la letra de la ley (externa). *¡La letra mata pero el espíritu vivifica!* La transformación y el cambio comienzan en el corazón y sus motivos. El pacto hace recaer la responsabilidad sobre cada individuo para gobernarse a sí mismo según el criterio supremo de Cristo. Sirve como herramienta de justicia y de misericordia cuando es necesaria la corrección o la disciplina. El padre apela a la conciencia del niño y sus motivos de corazón, lo que por lo general produce remordimiento y arrepentimiento. Más abajo hallará un ejemplo de pacto de familia:

acuerdo o consentimiento (n.) La rendición de la mente o la voluntad a lo que se propone.

Aplicación de estos principios en su vida

1. Redacte un pacto de familia. Enseñe los conceptos que intervienen en el pacto a sus hijos. Repase el pacto varias veces al año para refrescar la visión de andar juntos como familia. Use el pacto para despertar la conciencia de su hijo cuando le discipline.

2. Estúdiese el principio cristiano de autogobierno juntamente como familia. Investigue este principio en las Escrituras e identifíquelo en las vidas de los personajes que estudie con sus hijos.

Pensamientos finales

Los padres cristianos serían hoy sabios si restauraran el hogar como centro de aprendizaje vital, familiar, y emplearan un modelo bíblico de crianza de los hijos con enseñanza y amonestación del Señor. Es evidente que el intelecto y el carácter de los más jóvenes deben ser educados desde temprano en el hogar, así como recibir instrucción y disciplina sistemática en los principios bíblicos. Sirvan como testimonio la vida de Jesús, las de Daniel y sus amigos, y las de John y Charles Wesley.

> Padre celestial, después de leer este capítulo y de meditar en estos principios, veo que soy culpable de la manera en que me relaciono con mis hijos y del poco tiempo que paso con ellos. Te pido perdón y me arrepiento. Necesito tu ayuda para procurar su perdón y hacer los cambios necesarios en mi vida y en mi horario semanal. Deseo que nuestro hogar sea un remanso de gozo y un centro de aprendizaje vital. Dame ideas frescas para interactuar con mis hijos. Ayúdanos a escribir un pacto de familia que transforme nuestras vidas y la manera en que nos relacionamos unos con otros. Ayúdanos a reforzar nuestra confianza unos con otros y bendice nuestro tiempo de comunión. Te lo pido en el nombre de Jesús. Amén.

Recursos Adicionales

Balswick, Jack and Judith Balswick. *The Family: A Christian Perspective on the Contemporary Home*. Grand Rapids: Baker Academic, 2007.

Eliot, Elisabeth. *The Shaping of a Christian Family: How My Parents Nurtured My Faith*. Grand Rapids: Fleming H. Revell, 1992.

Sandford, John and Paula Sandford. *Restoring the Christian Family*. Lake Mary, Fla: Charisma House, 2009.

Sisemore, Timothy. *Our Covenant with Kids: Biblical Nurture in Home and Church.* Ross-shire, Reino Unido: Christian Focus Publications, 2000.

CAPÍTULO 8

LA CRIANZA INTEGRAL DEL NIÑO PARA LA VIDA Y EL LIDERAZGO

Después que Jesús resucitó, se manifestó a sus apóstoles por un periodo de cuarenta días y les impartió principios de liderazgo y discipulado para que los practicaran y los enseñaran a otros. En cierta ocasión se presentó a orillas del mar de Galilea. Después de preguntar a Pedro «*¿me amas?*», Jesús le encargó: «*Apacienta mis corderos*» (Jn 21:15). Pedro, poco después pastor de la iglesia de Jerusalén, fue amonestado por Jesús para que prestara especial atención y apacentara a los más jóvenes de su rebaño —tanto en edad como en el seguimiento de Cristo—. La palabra «apacentar» encierra una visión holística del discipulado cristiano. Significa: «alimentar el hombre interior con alimento espiritual; proporcionar esperanza y buenas expectativas; apreciar; suplir hermosura a los ojos; guardar y proteger; cuidar gentilmente; y conducir a buenos pastos para un desarrollo sostenido».[1] Pedro era un pescador de la región, instruido en su niñez por su padre —y en la sinagoga— en la *letra* de la Ley, como los demás niños de su tiempo. El propósito era cumplir la Ley. Jesús impartió a Pedro el *espíritu* de la educación y el discipulado cristiano, el cual enseñó y ejemplificó para sus apóstoles mediante una relación afectuosa.

Para poder criar y equipar a la próxima generación para la vida y el discipulado, los padres deben impartir a sus hijos el conocimiento de la sabiduría y la autoridad de Dios a través de una relación amorosa. No basta con cubrir el bienestar físico del niño y decirle qué debe de pensar y qué debe de hacer. Los padres han de conducir a su hijo por la senda del aprendizaje, que discurre por el mundo circundante, para descubrir la naturaleza básica y la individualidad que Dios le ha otorgado, y la realidad de andar con Jesucristo, el gran Pastor eterno. Esto exige una inversión de tiempo a largo plazo, desarrollar una relación afectuosa y honesta con el hijo por medio de una comunicación transparente y una constante disciplina amorosa. Los padres han sido comisionados por Dios y han recibido autoridad para guiar a sus hijos a los verdes pastos y aguas tranquilas de la hermosura, la verdad y la bondad moral.

conducir (v.) Ir en primer lugar y enseñar a otros el camino.

PRINCIPIO 1:
La crianza de un hijo para la vida y el liderazgo comienza por dentro, en el corazón

Muy a menudo, los padres cristianos se limitan a una adhesión externa del hijo o hija a una serie de normas. La observación de normas no transforma el corazón rebelde e incrédulo. Dios está interesado en cultivar el intelecto y las actitudes de corazón del niño, para que aprenda a amarle, adorarle y practicar el arte del autogobierno bajo el Señorío de Cristo. Para poder educar el corazón de un niño para Dios, el padre debe entender la naturaleza del hijo. Creado a imagen de Dios, el hombre está diseñado para adorar a Dios. Por naturaleza, el hombre es esencialmente religioso. Desde sus primeros años, el hombre adorará a Dios o a los ídolos. El corazón es el surtidor del que fluyen todos los asuntos de la vida. Como enseña Proverbios 4:23: «Por encima de todas las cosas cuida tu corazón» (NVI). Los padres deben ser conscientes de la naturaleza caída de la humanidad y de la condición básica del corazón del niño. El corazón no es moralmente neutro. La Biblia enseña cómo contempla Dios el corazón del hombre y qué provisión ha hecho para redimirlo: «*Y el SEÑOR vio que era mucha la maldad de los hombres en la tierra, y que toda intención de los pensamientos de su corazón era sólo hacer siempre el mal*» (Gn 6:5). «*Más engañoso que todo, es el corazón, y sin remedio; ¿quién lo comprenderá?*» (Jer 17:19). ¡El hombre peca porque es un pecador! Los niños pecan y necesitan un Salvador. Cada niño nace con la naturaleza moral caída de Adán (Sal 51:5; Sal 58:3) y ha de ser enseñado a verse como pecador y a ver su necesidad de perdón y redención. En su libro *Shepherding a Child's Heart* Tedd Tripp declara:

> No hay tal cosa como neutralidad del niño. Sus hijos adorarán a Dios o a los ídolos. Estos ídolos no son una pequeña colección de estatuas. Son los ídolos sutiles del corazón, como el conformarse con el mundo, el formarse una mentalidad terrenal y el poner los afectos en las cosas de abajo… El principal enfoque de la crianza de los hijos es conducirles a una sobria evaluación de sí mismos como pecadores. Deben entender la misericordia de Dios, que entregó a Cristo como sacrificio por los pecadores. ¿Cómo se lleva a cabo esto? Hay que lidiar con el corazón como fuente que es de la conducta humana y con la conciencia que Dios nos ha dado como jueza del bien y del mal. La cruz de Cristo debe ser el enfoque central de la crianza de sus hijos.[2]

El corazón es el centro de mando de la vida del niño

Según la mentalidad hebrea, el corazón dirige las facultades del alma, es decir, la mente, la voluntad y las emociones. «*Pues como piensa dentro de sí, así es*» (Pr 23:7). El corazón es la sede donde comienza el proceso de transformación, donde se renueva la mente y se toman las decisiones. Dios diseñó el corazón del hombre como centro de mando para gobernar la vida. La condición del corazón determina la conducta del individuo. Jesús enseñó: «*El hombre bueno, del buen tesoro de su corazón saca lo que es bueno; y el hombre malo, del mal tesoro saca lo que es malo; porque de la abundancia del corazón habla su boca*» (Lc 6:45).

La condición del corazón determina la conducta

Toda instrucción debe ir dirigida al corazón. El objetivo de la enseñanza y del aprendizaje es adquirir conocimiento de *corazón*, cualidad que motiva y dirige los actos del hombre. Conocer a Dios es la forma más alta de conocimiento y abarca la totalidad del ser, incluida la *adoración* al Señor y el *cumplir* su voluntad. El mandamiento «*Amarás al señor tu Dios con todo tu corazón, y con toda tu alma, y con toda tu mente*» (Mt 22:37), no señala tres dimensiones del hombre, sino la totalidad de su personalidad. La naturaleza total del alma sigue siendo un misterio, pero abraza la personalidad vital, cuyas capacidades funcionan como un todo, como se expresa en el Salmo 103:1: «*Bendice, alma mía, al SEÑOR, y bendiga todo mi ser su santo nombre*». Dios ha puesto capacidades, fuentes de energía en el alma, que tenemos la responsabilidad de someter, gobernar y conformar a la plena estatura de Jesucristo (Ef 4:13).

El rol de los padres es *manifestar* visión y esperanza a sus hijos e *inspirarles* a una relación viva con Jesucristo. Son responsables de instruirles en el conocimiento y el servicio de Dios. Deben educar la capacidad de gobernar sus actos bajo el Señorío de Cristo y, al mismo tiempo, protegerles de daños físicos e influencias anticristianas. Los padres son guardianes del desarrollo de la personalidad de cada uno de sus hijos. Deben vigilar constantemente las influencias que moldean su cosmovisión, sus tiernas sensibilidades, su imaginación, y preguntarse: ¿es obediente o rebelde? ¿Cómo usa su tiempo libre? ¿Qué imágenes ve mi hijo cada día? ¿Qué música y qué conversaciones escucha? ¿Qué ideales e ideas se fomentan en los juegos que juega, los libros que lee y las organizaciones en que participa? ¿Qué amigos tiene y qué normas observan los padres de sus amigos en sus casas? ¿Cuáles son los roles o modelos con los que interactúa o procura emular? ¿Cuál es su cosmovisión y su carácter? ¿Quiénes son sus héroes? En definitiva, ¿quién o qué es el objeto del amor de mi hijo? ¿Quién o qué adora o idolatra?

La vida de un niño se puede comparar con una antigua ciudad amurallada

A través de la historia, los hombres han protegido las ciudades de ataques enemigos construyendo gruesas murallas alrededor. La entrada en la ciudad se hacía a través de puertas estrechamente vigiladas que se cerraban y atrancaban por la noche y durante los asedios enemigos. Se erigían altas torres a ambos lados de las puertas y los atalayas se apostaban dentro de ellas. La antigua Jerusalén no fue una excepción. Sus

«Como ciudad invadida y sin murallas es el hombre que no domina su espíritu» (Pr 25:28).

murallas se edificaron con muros interiores y exteriores, cuyo espacio de separación era tan ancho que muchos carros podían circular por encima y muchas familias cobijarse debajo.

Las doce puertas que franqueaban las murallas de Jerusalén eran literalmente salones con dos portones de madera —una en el muro interior y otra en el exterior—. Los ancianos de la ciudad se sentaban en las puertas para administrar asuntos judiciales (Dt 16:18-21; 2 S 15:2; Pr 31:23). En estas salas se guardaban rollos que contenían la Ley de Dios, de modo que, en caso de disputa, los ancianos consultaban la Palabra de Dios para tomar decisiones. Las puertas eran también centros cívicos donde se intercambiaban noticias y mercancías (Gn 19:1; Neh 8:1; Is 3:18). Los reyes se sentaban en las puertas para encontrarse con sus súbditos (2 S 19:8; Jer 38:7), allí se leía la Ley y los profetas pronunciaban sus amonestaciones (Jos 20:4; Neh 8:1, 3; Is 29:21; Jer 17:19). Por todas estas razones «las puertas de las ciudades» son símbolos de autoridad, verdad y protección en la Biblia. Y aunque eran muy importantes como primer bastión de defensa de las ciudades amuralladas, también eran extremadamente vulnerables porque estaban hechas con madera y se podían quemar o derribar.

Durante el periodo posterior al exilio judío de la cautividad de Babilonia, Dios llamó a Nehemías, cuyo nombre significa «consolador», para reconstruir Jerusalén. Después que Nehemías constató la destrucción y desolación de la ciudad, inició un notable proyecto de restauración construyendo primeramente y colgando nuevas puertas en los muros de la ciudad. La reedificación de las puertas simbolizaba la obra del Espíritu Santo que preparaba a los judíos para un nuevo encuentro con Dios y una renovación del pacto. En última instancia, Dios estaba preparando a su pueblo escogido para la venida del Mesías. Un estudio del libro de Nehemías y de cada una de las puertas de la ciudad antigua proporciona principios notables para una vida cristiana victoriosa. Tal como Nehemías apostó vigías en las torres y guardas en cada una de las puertas de la muralla de Jerusalén,[3] así deben los padres vigilar como atalayas y proteger la vulnerabilidad de nuestros pequeños mientras crecen y maduran.

> En la Biblia, las puertas representan autoridad, verdad y protección.

PRINCIPIO 2:
Los padres deben guardar y proteger las puertas del hombre interior del niño

Usando la metáfora de una antigua ciudad amurallada, imagínese la educación y el discipulado de su hijo como un muro protector que usted edifica en torno a él en oración, con sabiduría divina y discernimiento para guardar las puertas o puntos de entrada a su corazón. Si levanta un fuerte baluarte desde la infancia y se toma en serio el mandato divino de criar a su hijo en la amonestación del Señor cuando aún es pequeñito, le proporcionará un ambiente en el que podrá crecer de manera óptima y madurar en la providencia de Dios.

Nutriendo y guardando el hombre interior del niño

Espíritu
Identidad génera
Conciencia
Cosmovisión
Intelecto

Centro de comando
La condición del corazón determina la conducta

Dones y habilidades
Voluntado
Temperamento
Carácter
Imaginación

Sobre toda cosa guardada, guarda tu corazón,
porque de el mana la vida.
Proverbios 4:23

Línea sobre línea, precepto sobre precepto, su hijo aprenderá a rehusar el mal y escoger el bien (Is 7:14, 15). A medida que aprende a ser responsable sobre pequeñas cosas, se le podrán confiar cosas mayores para gobernar y asumir nuevas responsabilidades. Madurará en una atmósfera amable y perdonadora en la que puede experimentar desafíos y triunfos, e incluso cometer errores de los que entresacar lecciones importantes. Aprenderá gradualmente a confiar y adorar a Dios con todo su corazón, a someter su voluntad a la de su Padre celestial y a gobernar su vida responsablemente. Como mayordomos de Dios, los padres deben interceder y hacer guerra espiritual por las mentes y corazones de sus hijos, proporcionarles alimentos vivificadores y protegerlos del enemigo que viene para robar, hurtar y destruir sus bendiciones de herencia y de pacto.[4]

La Biblia es la Palabra inspirada y eterna de Dios. Hebreos 4:12 proclama: «*Porque la palabra de Dios es viva y eficaz, y más cortante que cualquier espada de dos filos; penetra hasta la división del alma y del espíritu, de las coyunturas y los tuétanos, y es poderosa para discernir los pensamientos y las intenciones del corazón*». La Palabra de Dios es alimento para el crecimiento espiritual del hombre, así como una herramienta poderosa con la que dirimir una guerra espiritual ofensiva y defensiva.

La Biblia es también un manual de principios y costumbres cristianos para aplicarlos a la vida y al liderazgo. Ciertamente Dios ha provisto una norma justa para medir y juzgar las influencias culturales: «*Todo lo que es verdadero, todo lo honesto, todo lo justo, todo lo puro, todo lo amable, todo lo que es de buen nombre; si hay virtud alguna, si algo digno de alabanza, en esto pensad*» (Fil 4:8, RV-60). A decir verdad, Dios ha provisto todo lo que necesitamos para criar a nuestros hijos y ha prometido que andará con nosotros y nos mostrará el camino si se lo pedimos.

Primera puerta: El espíritu de su hijo

Dios es Espíritu (Jn 4:24; 2 Co 3:17) y creó al hombre a su semejanza. El espíritu humano es la dimensión eterna, «...*el yo interno*» (1 P 3:4), a través del que nos relacionamos con Dios. La palabra hebrea que equivale a «espíritu» se suele traducir por «aliento, vida o alma». En la creación, Dios sopló aliento de vida a Adán y el hombre vino a ser alma viviente y eterna.[5] La muerte espiritual fue consecuencia del pecado de Adán y Eva, que acarreó la interrupción de la relación del hombre con Dios (Gn 2:17). Pero por medio de la fe en Jesucristo, el espíritu de la persona se puede convertir, o nacer de nuevo, y ser restaurado a una plena relación con Dios en Cristo. Jesús enseñó que *«En verdad, en verdad te digo que el que no nace de agua y del Espíritu no puede entrar en el reino de Dios»* (Jn 3:5). Es, desde luego, cierto que el espíritu del niño puede nacer de nuevo. Los padres deben mantenerse vigilantes y sensibles a la guía del Espíritu Santo para encontrar los momentos oportunos de enseñar este don precioso de vida eterna a sus hijos. Dios habla interiormente al espíritu regenerado del creyente; el Espíritu Santo le confirma su amor, ilumina su entendimiento, revela su verdad y da testimonio de su adopción como hijo de Dios.[6]

Los padres deben guardar esta puerta, mantenerse sensibles, ya que el espíritu del niño es tierno y se lastima fácilmente. Los padres no pueden evitar todas las heridas, pero deben orar con el niño para procurarle sanidad y enseñarle la parte que le corresponde en este proceso. El gozo de la relación con Dios y con los miembros de la familia fortalece y da resistencia al espíritu. *«El corazón alegre es buena medicina, pero el espíritu quebrantado seca los huesos»* (Pr 17:22). Si no se guarda esta puerta hasta que el espíritu del niño nazca de nuevo y sea capaz de gobernar su propio espíritu, el niño será vulnerable a todo ídolo y forma de mal y destrucción.

Proteja la puerta del espíritu de su hijo

1. Dos cosas revisten suma importancia para proteger el espíritu de su hijo: 1) Enséñele la naturaleza de Dios y la naturaleza del hombre. Los niños necesitan entender qué es el pecado y qué deben hacer cuando pecan. 2) Enséñeles acerca de Jesucristo y condúzcales a Cristo como su Señor y Salvador personal (un recurso clásico es *Cómo criar hijos para Cristo*, por Andrew Murray.[7])

2. Alimente el espíritu de su hijo enseñándole a: 1) Adorar a Dios con todo su corazón y disfrutar de la comunión familiar (del culto familiar tutelado por los padres se habla en el capítulo 9); 2) Mantenga una relación de oración con Dios; 3) Cultive el hábito diario de lectura de la Biblia.

3. Relaciónese con su hijo con amor, honestidad, ternura y discernimiento. Enséñele a pedir perdón cuando peque contra otros. Cuando sea ofendido, engañado o tratado injustamente, enséñele a bendecir a sus enemigos y a orar por ellos.[8]

Segunda puerta: la conciencia de su hijo

La conciencia es la capacidad que Dios nos ha concedido para distinguir el bien del mal. Es la primera puerta que accede al alma humana y actúa como sistema de seguridad para mantener fuera a los intrusos y proteger la justicia en su interior. Ayuda a la voluntad a tomar decisiones morales. La conciencia del niño se fortalece cuando éste escucha su testimonio, obedece a Dios y a los que están en autoridad sobre él y aprende la doctrina bíblica (Heb 5:14). La conciencia se debilita o se endurece cuando es ignorada. Una conciencia embotada pierde su poder para guiar y convencer de malas decisiones morales. El niño diligente para arrepentirse de pecado y recibir limpieza deberá mantener su conciencia pura y sensible. Los padres necesitan enseñar a sus hijos a discernir el espíritu de verdad del espíritu de error (1 Juan 4:6) y a rechazar el mal y escoger el bien (Is 7:15), a pesar de las influencias adversas que le rodeen. Esto ayudará al niño a mantener su conciencia pura a medida que va creciendo.

> «Esfuércese por mantener viva en su pecho esa pequeña chispa de fuego celestial llamada conciencia» - George Washington, primer presidente de los Estados Unidos de América]

Proteja la puerta de la conciencia de su hijo

1. Explique a su hijo la función de la conciencia. Enséñele a mantener su conciencia pura y qué sucede cuando la descuida.

2. Cultive la convicción interna de su hijo. El mero énfasis en el comportamiento engendra hipocresía y legalismo, inhibe el crecimiento en el conocimiento de sí y el autogobierno. Enséñele

> rectitud (n.) Corrección de principio o práctica; conformidad exacta con la verdad o con las normas de conducta moral prescritas; probidad; integridad; honestidad; justicia.

discernimiento y a evaluar la dirección de su conciencia a la luz de la Palabra de Dios.

3. Enseñe a su hijo que la Palabra de Dios es el estándar supremo para el bien y el mal, lo justo y lo injusto, la sabiduría y la necedad. El libro de Proverbios es un buen texto para empezar a instruir a los niños en la bondad moral y la rectitud intelectual.

4. Enseñe a su hijo a oír la voz de Dios, especialmente cuando ora y lee la Biblia. Practique la presencia de Dios en la oración familiar. Enseñe a su hijo a distinguir la voz de Dios de la del yo, o la de Satanás.

Tercera puerta: el intelecto de su hijo

El intelecto es la capacidad de la mente humana para pensar y razonar en términos abstractos, de lo que uno *conoce*, o *entiende*, y distingue de lo que *siente* emocionalmente. Las Escrituras enseñan que la mente del incrédulo es fácilmente engañada y cegada por el dios de este mundo (2 Co 11:3; 2 Co 4:4). El incrédulo anda en la futilidad de su mente (Ef 4:17), y los niños son vulnerables a tal futilidad y necedad y fácilmente descarriados. Los padres son la primera fuente de sabiduría y entendimiento del niño y han de guardar a su hijo de pensamientos necios y actos peligrosos mientras se forman su intelecto y su juicio. Deben aprovechar toda oportunidad para enseñar a sus hijos a pensar y razonar, según la revelación de la Palabra de Dios, y aplicar la verdad a su vida.

principio (n.) 1) Causa, fuente u origen de cualquier cosa; aquello de lo que procede una cosa. 2) Fundamento. 3) Una verdad o ley general.

A los niños se les debe inculcar los principios morales. Necesitan una base bíblica de conocimiento y un rico vocabulario para pensar y razonar. Las palabras son los ladrillos de las ideas. La enseñanza y aprendizaje de principios, no la acumulación de información o la memorización de reglas, es la manera efectiva de fortalecer la rectitud intelectual del niño. Echa los cimientos para entender la verdad en vez de acumular datos. Un principio es una verdad absoluta, una semilla. Una semilla contiene dentro de su carcasa todo lo necesario para reproducirse dadas las condiciones apropiadas. La enseñanza de principios inculca el hábito de razonar de la causa al efecto y permite al niño aplicar la verdad a un tema o área de estudio.

El libro de Proverbios exhorta repetidamente: «*Adquiere sabiduría, adquiere inteligencia; no te olvides ni te apartes de las palabras de mi boca. No la abandones y ella velará sobre ti, ámala y ella te protegerá*» (Pr 4:5-6). La sabiduría y el entendimiento provienen del conocimiento de Dios.[9] El conocimiento de Dios es el objetivo mismo del entendimiento.[10] Dios concede sabiduría y entendimiento iluminando el intelecto, el pensamiento y el razonamiento de la persona.[11] Un claro ejemplo de esto es la vida de Daniel y sus amigos hebreos. Demostraron «inteligencia en cada rama de la sabiduría», fueron «dotados de entendimiento y habilidad para discernir»,[12] y Daniel fue capaz de entender «toda clase de visiones y de sueños».[13] Cuando la mente del niño se renueva por la palabra de Dios, él es transformado, es capaz de pensar con la mente de Cristo y puede guiar a otros apoyado en la perspectiva y la sabiduría de Dios.

Proteja la puerta del intelecto de su hijo

1. Instruya deliberadamente a su hijo a pensar y razonar apoyándose en la revelación de la verdad. Comenten maneras en las que el pensamiento de Dios difiere de la mentalidad del mundo. Aproveche cualquier momento de enseñanza para resaltar la sabiduría piadosa en las decisiones y la conducta. Instruya a su hijo para que vea que las decisiones (causa) acarrean consecuencias (efecto).

2. Durante las lecturas bíblicas de la familia, pida a su hijo que identifique lo que Dios le está diciendo y hágale razonar y aplicar la idea percibida a su propia vida.

3. Ayude a su hijo a buscar en las Escrituras principios divinos relacionados con situaciones en las que precisa sabiduría y verdad para reforzar sus tareas académicas.

Cuarta puerta: la voluntad de su hijo

La voluntad humana es la capacidad que tiene el hombre de tomar decisiones para gobernar su conducta. La voluntad se suele comparar con el timón de un barco, rige su rumbo en el mar. La voluntad no actúa sola sino que está sujeta a poderosas influencias que inciden para dominarla. Puede ser informada por la lógica de la razón, las emociones volubles de la persona, el susurro del tentador, o el del Espíritu Santo. La actuación de la voluntad viene determinada por la condición de la mente, que a su vez es influida por Dios, el mundo, la carne o el diablo. La voluntad debe ser ejercitada para aprender a buscar la verdad y la sabiduría divina antes de actuar, lo cual requiere una vida de crecimiento y madurez en Cristo.

Buena parte del rol paterno consiste en la interacción de la voluntad de los padres con la de los hijos. El objetivo del padre ha de ser equipar a su hijo para que comprenda la naturaleza caída de su corazón y descubra las bendiciones que acarrea el escoger la voluntad de Dios antes que la propia. Tristemente, muchos padres cristianos nunca enseñan a sus hijos a verse a sí mismos como pecadores ni a buscar la misericordia y el perdón de Dios por su pecado. Dios concedió a los padres la responsabilidad de la instrucción moral. A los niños se les debe enseñar fielmente los caminos de Dios, criar gentilmente y disciplinar y corregir con coherencia.

Al niño se le debe enseñar pronto a obedecer a sus padres. Los padres representan a Dios y su autoridad en la familia, ésta les ha sido delegada por Dios. Cuando un hijo desobedece a sus padres, debe ser disciplinado. La firmeza es esencial para formar una voluntad que glorifique a Dios. El proceso de instrucción es un delicado equilibrio consistente en proveer la mayor libertad y respeto posible al niño y exigirle una pronta y voluntaria obediencia. La obediencia del niño desde una edad muy temprana no depende de si entiende o no las razones de sus padres. El hábito de obedecer a los que están en autoridad prepara el camino y dispone para obedecer al mismo Dios.

La desobediencia está arraigada en la condición del corazón. El libro de Proverbios enseña que los padres deben disciplinar al niño desde su más tierna edad «mientras hay esperanza», cuando se están formando sus hábitos. Aunque un «no», una mirada de desaprobación, o un castigo por la desobediencia sean a menudo adecuados, los azotes están especialmente indicados para violaciones graves. «*El que escatima la vara odia a su hijo, mas el que lo ama lo disciplina con diligencia*» (Pr 13:24). Todo castigo ha de ser administrado con amor, no con ira. El libro de Tedd Tripp, *Como Pastorear el Corazón de su hijo* es un recurso excelente y completo de corrección piadosa. Al niño se le puede requerir pedir y recibir el perdón de los padres por desobedecer. La disciplina debe ir seguida de reconciliación. Ore con él/

ella. Ratifíquele su amor incondicional con un abrazo y un beso. La disciplina bíblica debe ganarse el respeto, no provocar a ira ni engendrar amargura.[14] El objeto de la disciplina de la voluntad del niño es su propio bien, para que pueda participar de la santidad de Dios.[15] «*Al presente ninguna disciplina parece ser causa de gozo, sino de tristeza; sin embargo, a los que han sido ejercitados por medio de ella, les da después fruto apacible de justicia*» (Heb 12:11).

Proteja la puerta de la voluntad de su hijo

1. Fortalézcase en la fe por lo que respecta a la comisión que Dios le ha dado como maestro y guardián de la personalidad de su hijo. No abdique su responsabilidad en otros. No acepte la norma cultural como estándar para su hijo.

2. Pacte con Dios para criar a su hijo en la enseñanza y amonestación del Señor.

3. Discipline y corrija a su hijo pronta y firmemente, sin ira. Es importante que la corrección se haga en privado. La disciplina suele requerir que el niño pida perdón y procure reconciliarse con otro. Puede haber otras consecuencias también. Siga siempre la disciplina con un abrazo, una sonrisa, mostrando afecto, reafirmando que su amor por su hijo es incondicional.

Quinta puerta: el carácter de su hijo

El carácter es el coronamiento de la educación, y la familia es la cuna de la formación del carácter. El carácter se define como «las cualidades peculiares que imprime la naturaleza o el hábito en una persona, y que la distinguen de otras».[16] Hannah More, educadora inglesa del siglo XIX, escribió lo siguiente acerca de la formación del carácter:

> La formación del carácter es el gran objetivo que persigue la educación. No debería considerarse como cuestión secundaria o accesoria, sino como centro hacia el que se dirigen todos los radios de la instrucción. …Todos los logros intelectuales deben sostener la dignidad del carácter, ya que el conocimiento preserva la virtud. La Providencia ha indicado lisa y llanamente que la niñez es el tiempo idóneo de la instrucción, y los padres están obligados a aprovechar la impresionabilidad del corazón hasta lograr su uso moral más exaltado.[17]

El carácter no es un don de Dios ni se hereda de los padres. Comienza a formarse en la temprana infancia a partir de decisiones personales y repetición de actos, hasta que éstos se convierten en hábitos (Dt 28:2, 15; Jos 24:15; 1 S 15:22; Heb 5:8; Is 22:41, 42). Las elecciones y los hábitos pueden ser virtuosos o descabellados y acarrean consecuencias que conducen a la vida o a la muerte.

Los padres son los primeros maestros del niño y modelos de carácter, a quienes éste imitará desde edad muy temprana. El ejemplo reviste una parte importante en la formación del carácter del hijo. La influencia del ejemplo se percibe más claramente que la del precepto. Los padres cristianos han sido señalados por Dios para instruir a sus hijos en el conocimiento y la autoridad de la Palabra de Dios y enseñarles a obedecer sus mandamientos. Jesús nos enseñó que «*un discípulo no está por encima de su maestro; mas todo discípulo, después de que se ha preparado bien, será como su maestro*» (Lc 6:40). La Biblia es nuestro «manual de carácter» y nos proporciona la norma inmutable para formar el carácter y el autogobierno.

> *y que desde la niñez has sabido las Sagradas Escrituras, las cuales te pueden dar la sabiduría que lleva a la salvación mediante la fe en Cristo Jesús. Toda Escritura es inspirada por Dios y útil para enseñar, para reprender, para corregir, para instruir en justicia, a fin de que el hombre de Dios sea perfecto, equipado para toda buena obra* (2 Ti 3:15-17, énfasis añadido).

La formación del carácter cristiano comienza con el conocimiento de Jesucristo y el fortalecimiento por la morada de su Espíritu. El corazón del niño debe ser transformado y el proceso de renovación de su mente iniciado antes de someter voluntariamente su voluntad a la voluntad de Dios (1 P 1:23; Ef 3:16; 1 Ts 1:5; Ro 12:2; Is 1:19). La justicia no es sólo lo que uno dice o hace, sino el recto gobierno del corazón. La palabra griega «charakter», que aparece en el Nuevo Testamento, se traduce por «imagen fiel». Hebreos 1:3 hace referencia a Cristo como «fiel imagen» de Dios. Él es el modelo perfecto de la naturaleza y el carácter de Dios. Dios predestinó a todos los cristianos a ser conformados a la imagen de su Hijo y nos capacita por la morada de su Espíritu para ser partícipes de la naturaleza divina:

> *Gracia y paz os sean multiplicadas en el conocimiento de Dios y de Jesús nuestro Señor. Pues su divino poder nos ha concedido todo*

cuanto concierne a la vida y a la piedad, mediante el verdadero co-
nocimiento de aquel que nos llamó por su gloria y excelencia, por
medio de las cuales nos ha concedido sus preciosas y maravillosas
promesas, a fin de que por ellas lleguéis a ser «partícipes de la na-
turaleza divina», habiendo escapado de la corrupción que hay en
el mundo por causa de la concupiscencia. Por esta razón también,
obrando con toda «diligencia», añadid a vuestra fe, «virtud», y a la
virtud, «conocimiento»; al conocimiento, «dominio propio», al domi-
nio propio, «perseverancia», y a la perseverancia, «piedad», a la pie-
dad, «fraternidad» y a la fraternidad, «amor». Pues estas virtudes,
al estar en vosotros y al abundar, no os dejarán ociosos ni estériles
en el verdadero conocimiento de nuestro Señor Jesucristo (2 P 1:2-8,
énfasis añadido).

El carácter cristiano se refina con presiones y pruebas ardientes, tanto de dentro como de fuera (Jn 15:2, 4; Fil 1:27; 1 P 5:8-10; Heb 5:8).
Dios suele probar el carácter de su pueblo con la tribulación y el dolor, así como con el conflicto con el mundo y los poderes de las tinieblas (1 P 4:12, 13; Stg 1:2, 3; Is 43:1, 2; Zac 13:9; Sal 7:9; Job 23:10; Lc
22:31, 32). Él usa el sufrimiento y la coacción para purificar nuestros
motivos como el oro se purifica con el fuego. El apóstol Pablo enseñó
que: *«la tribulación produce paciencia; y la paciencia, carácter pro-*
bado; y el carácter probado, esperanza; y la esperanza no desilusiona,
porque el amor de Dios ha sido derramado en nuestros corazones por
medio del Espíritu Santo que nos fue dado» (Ro 5:3-5). El que escoge conscientemente obedecer a Dios experimenta esperanza y el
testimonio del amor a Dios protege su corazón. Los padres tienden a
proteger a sus hijos de las pruebas que Dios dispone y de este modo
impiden el crecimiento del carácter que Dios desea. El engañoso
atractivo de las delicias fugaces capta fácilmente la atención del niño.
La Escritura advierte que el carácter cristiano debe dejar los amores
y temores temporales y descansar tranquilamente en la provisión de
Dios.[18] Cuando los hijos ven que los padres viven de este modo, llegan a desear e imitar los rasgos de carácter que producen paz y gozo.

El carácter cristiano se forma de dentro afuera. A medida que el
creyente desarrolla el hábito de escoger rectamente descubre por sí
mismo que no tiene por qué ser controlado por el pecado y que no
es una víctima del ambiente que le rodea. Aprende a ser vencedor
en Cristo por medio de quien todas las cosas son posibles (Fil 4:13).
Los niños necesitan ver cómo sus padres responden a la tribulación

y el sufrimiento, para poder confiar en Dios en medio de sus problemas y dificultades y aprender a sortearlos sin perder su fe. La Biblia contiene muchos relatos de individuos que perseveraron en tiempos de tribulación y sufrimiento, como José, Moisés, Job, David, Daniel y sus amigos, Ester, Pablo y Jesús, por nombrar sólo unos pocos. Sus vidas son dignas de estudio, reflexión e imitación. Los niños también tienen que conocer las vidas de otros modelos históricos que exhibieron carácter cristiano leyendo biografías de grandes hombres y mujeres, y clásicos infantiles contrastados como *Heidi, Hans Brinker o los patines de plata, El progreso del peregrino, La telaraña de Carlota, Joel el muchacho de Galilea* y muchos otros.

El carácter cristiano nunca se forma en soledad, sino en comunidad: familia, amigos, vecinos, escuela, iglesia, trabajo y clubs u organizaciones a los que uno se asocia. *«El hierro con hierro se afila, y un hombre aguza a otro»* (Pr 27:17). Además, el padre sabio enseña a sus hijos las reglas de urbanidad y sociabilidad y exige que se practiquen en el hogar.

Proteja la puerta del carácter de su hijo

1. Los frutos del Espíritu en su propia vida son irreemplazables como modelos y salvaguardas para el desarrollo del carácter cristiano de su hijo. Él o ella verá el resultado de su conducta e imitará su fe.[19]

2. Lleve a cabo un estudio de «Unos con otros y con Dios» a partir del Nuevo Testamento en su tiempo de devoción familiar. Examine la lista de «Unos a otros» en el Apéndice III. Escoja un mandato y subráyelo por un mes en su casa. Póngalo de relieve donde la familia se reúne. Desafíe a cada miembro de la familia a buscar cada semana una manera de cumplir el mandato y de ser responsable ante el resto de la familia compartiendo su experiencia. Comente la manera en que su estudio de «Unos a otros» influye su percepción de otros y reta a su propio carácter y motivos de corazón.

3. Como familia, estudien los siguientes pasajes bíblicos relacionados con el carácter en sus devociones familiares. Memorícenlos también conjuntamente.

> Los Diez Mandamientos (Éx 20: 1-17)
> El Gran Mandamiento de Cristo (Jn 13:34)
> Cualidades cristianas (2 P 1:2-11)
> Las Bienaventuranzas (Mt 5:3-12)
> Las dos Grandes Leyes (Mt 22:36-40)
> Santidad de vida (Col 3:12-17)
> Obediencia a los padres (Col 3:12-17; Ef 6:1-3)

4. Durante las devociones en familia, estudien y comenten el rol del carácter para cumplir el propósito de Dios y bendecir a otros. Comparen las características de la gloria mundana con las características de la grandeza según la Biblia.[20] Estudie el carácter de los personajes bíblicos. Considere rasgos como la diligencia, la flexibilidad, la vigilancia, la disponibilidad, la paciencia, la hospitalidad y la generosidad. Un excelente recurso para las librerías de iglesia son los Bosquejos de Carácter Primero Institute in Basic Life Principles.[21]

5. En los tiempos de lectura oral en familia, tómese tiempo para analizar las cualidades de carácter de los personajes cuyos relatos se lean. Las guías literarias del Programa AMO® proporcionan estudios de carácter y preguntas para provocar la reflexión de los niños mientras tratan de aplicar la verdad a sus vidas. (Disponibles en inglés, español y portugués.)

6. Reconozca las aflicciones y las oportunidades que tiene su hijo de madurar. Estimúlele, ore por él y comparta la sabiduría de la Palabra de Dios mientras pasa por pruebas. Afirme su confianza en su capacidad de andar conforme al espíritu y celebre sus éxitos.

7. Procure que sus hijos compongan estudios de carácter de sus abuelos o bisabuelos. Anímeles a entrevistarse con ellos, y después, a escribir e ilustrar una pequeña biografía. Anímeles a describir cómo fueron educados por sus antecesores y las influencias y experiencias que les ayudaron a formar su carácter. Hágales resaltar el legado que han recibido de ellos.

Sexta puerta: la imaginación y la sensibilidad estética de su hijo

Tristemente, hay poca enseñanza en la iglesia que trate la educación cristiana de la imaginación de los niños. Muchos cristianos ignoran esta facultad que Dios nos ha concedido y creen que la imaginación sólo tiene que ver con la magia negra y las influencias demoníacas. No obstante, ¡todos imaginamos! La imaginación según el propósito de Dios, para ennoblecimiento y adorno de la creatividad humana, comienza con la idea bíblica de Dios y de su creación. Dios creó al hombre, gloria y corona de su creación, a su imagen y le dotó de varias facultades que le distinguen del reino animal. Entre ellas están el lenguaje, la razón, la conciencia y la imaginación. La imaginación se denomina también «don divino de la maravilla».[22] El ejercicio más sublime de la imaginación es responder a Dios en admiración reverente, al contemplar su hermosura, su majestad, y su gloria y ser transformado a su semejanza.[23] Dios nos promete: «*¡Tú guardarás en perfecta paz a todos los que confían en ti; a todos los que "concentran en ti sus pensamientos"!*» (Is 26:3, NTV, énfasis añadido).

estética (adj.) Relativo a la naturaleza y principios de la belleza.

sensibilidad (n.) Capacidad de sentir o percibir impresiones.

En general, muchos padres cristianos y líderes de jóvenes se contentan con permitir que la cultura popular eduque la sensibilidad estética de sus hijos. A medida que la cultura se va entenebreciendo y los niños pasan interminables horas entretenidos por actividades mediáticas, su imaginación se embota, enflaquece de hambruna y se corrompe. Actualmente, los niños son bombardeados con centenares de imágenes visuales cada día, muchas de las cuales son inmorales, contaminan y corrompen. Estas imágenes y mensajes subliminales distraen y profanan, en vez de inspirar y dignificar a los niños. En muchos casos, los programas de televisión, las películas y los juegos creados para ellos están llenos de ilusión y portentos engañosos, en vez de verdad y realidad.

El tiempo ideal para cultivar la imaginación cristiana es la temprana infancia. Los niños muy pequeños tienen una sensibilidad natural a la maravilla y sed espiritual de verdad y hermosura. Sus mentes y corazones son maleables y sus memorias tenaces. Los padres necesitan conquistar y alimentar la imaginación de sus hijos con temas, imágenes e ideales cristianos antes que crezcan y acepten la mentira cultural de que tienen *derecho* a ver y oír todo lo que deseen. Por todas estas razones, tanto el hogar como la iglesia deben restaurar sus roles para mostrar y educar la verdad y la belleza en la cultura y proteger deliberadamente la imaginación de los niños con imágenes e ideales de magnificcncia.

Una manera de cultivar la imaginación cristiana es alimentarla con relatos e imágenes bíblicos, poesía y literatura clásica, bellas artes y artes escénicas, como la música, la representación dramática, el arte, la danza y el cine. Cuando los padres hacen lecturas orales para sus hijos ocurren muchas cosas. En primer lugar, la mente y corazón del niño se vinculan afectivamente con las del padre o la madre que lee la historia. El niño aprende a estarse quieto y a escuchar con su oído interno. Escuchar es una habilidad que ha de ser enseñada. El niño aprende a reflexionar sobre el tema, la trama y la nobleza de los personajes del relato y a permitir que su imaginación se sumerja en la historia. El aprender a escuchar allana el camino a una vida reflexiva y a la escucha de la voz de Dios. La literatura clásica y las artes son herramientas poderosas que trascienden la esfera vulgar y mediocre de nuestra cultura popular. Los clásicos, con sus ideales cristianos e ideas universales, cultivan la imaginación e inspiran grandeza en los niños. Combinados con la lectura de la Palabra de Dios, nutren el potencial espiritual de los niños, de modo que éstos resuelven modelar sus propias vidas según los héroes y heroínas que van conociendo. A diferencia de los juguetes digitales modernos, los clásicos y las artes ayudan a nutrir una imaginación cristiana, inspiran a los niños a soñar sueños dignos y grandiosos y a aspirar a una vida más noble.

> ¡La imaginación no es neutra! A menos que los padres, los pastores y los maestros escojan deliberadamente cultivar la imaginación cristiana de los niños, Satanás les dará a comer su fea y engañosa vianda, ¡que es adictiva!

Dios ha provisto el modelo de belleza, verdad y bondad moral en su creación y la norma con que alimentar la imaginación de la familia en Fil 4:8, 9:

> *Por lo demás, hermanos, todo lo que es verdadero, todo lo honesto, todo lo justo, todo lo puro, todo lo amable, todo lo que es de buen nombre; si hay virtud alguna, si algo digno de alabanza, en esto pensad. Lo que aprendisteis y recibisteis y oísteis y visteis en mí, esto haced; y el Dios de paz estará con vosotros (RV60).*

Proteja la puerta de la imaginación de su hijo

1. Los padres deben de ser proactivos y programar tiempo
    para cultivar y nutrir la imaginación cristiana. «No hacer
    nada no es una opción». Comience con un estudio en fa-
    milia de Filipenses 4:8, 9. Busque la clave de las palabras en
    un Diccionario clásico de la Real academia española. Si lo
    desea puede consultar el Diccionario Webster1828, de la
    lengua inglesa que contiene definiciones bíblicas y se pue-
    de consultar online en http://www.1828-dictionary.com. El
    facilitar a los niños un vocabulario bíblico de estética edifi-
    cará ideas nuevas. Las palabras son los ladrillos con que se
    construyen las ideas.

2. Practique la aplicación de Fil 4:8 a las decisiones estéticas
    que se tomen en su hogar. Enseñe a sus hijos a discernir
    la belleza, la verdad y la bondad moral en la naturaleza, la
    música, el arte, el cine, el teatro, los libros y los medios de
    comunicación. Comience dando paseos al aire libre.

3. Como Nehemías, que constató la decadencia y la destruc-
    ción de Jerusalén, inspeccione su hogar y sepa dónde es-
    tán los televisores y las computadoras (ordenadores). Sea
    cauto, no conceda a sus hijos acceso, sin vigilancia, a estos
    artilugios electrónicos en sus dormitorios o en su tiempo
    libre. Preste atención a la música que se escucha en casa y
    en el auto, las películas y los programas de televisión que
    se toleran, el arte o los posters pegados en las paredes, el
    uso de internet en los ordenadores y el material de lectura
    que circula por la casa. «La pornografía es un problema
    enorme en el Cuerpo de Cristo». Decida cuánto tiempo,
    qué programas de televisión y qué películas va a permitir
    ver a su hijo. Si un padre o adulto responsable no puede
    controlar la televisión y la computadora, el niño no debería
    tener acceso a ellas. No hay manera de controlar los men-
    sajes y la conexión a internet a través de teléfonos celulares
    (móviles), de modo que estos dispositivos deben ser com-
    pletamente desactivados en ellos. Muchos padres exigen a
    sus hijos que les entreguen el teléfono por la noche para
    poder controlarlo y cargarlo.

4. Desde la más temprana infancia, lea una porción bíblica cada día o cada noche a sus hijos. Alimente su imaginación con imágenes y simbolismo bíblicos. Lea y represente el programa de AMO® *Manantial de lo Maravilloso* usando figurillas de madera y colorido subyacente.

5. Confeccione un programa «familiar de lectura oral» en su hogar. Lea los grandes clásicos universales a sus hijos, obras como *La telaraña de Carlota, Hans Brinker, Heidi,* la serie de *La casa de la pradera, El viento en los sauces, El progreso del peregrino, Pinocho y Las crónicas de Narnia.* El Programa AMO® (www.amoprogram.com) dispone de guías del maestro para muchos clásicos infantiles, que pueden usar también los padres, en inglés, español y portugués. Las vacaciones de verano son una buena oportunidad para estudiar un clásico. Véase Recursos Adicionales al final de este capítulo.

6. Compile una biblioteca casera y dótela con obras de autores como George McDonald, C. S. Lewis, G. K. Chesterton, J. R. R. Tolkien, Edmund Spenser, John Milton y muchos otros.

7. Enseñe a su hijo a percibir la belleza esparcida en su medio ambiente. Adorne su hogar con imágenes que destilen belleza, como manojos de flores, pinturas y esculturas, libros de artistas y arquitectos. Visite a menudo bibliotecas locales y museos. Enseñe a sus hijos a actuar, pintar y esculpir cuando son pequeños o envíeles a clases de arte que imparta algún artista local. Lleven cuadernos de dibujo y acuarelas cuando vayan a dar un paseo por la naturaleza. Enmarque las obras de arte de sus hijos y exhíbalas en su hogar.

8. Cultive la sensibilidad de sus hijos oyendo música diversa en el hogar. Incluya las grandes obras de música clásica de la civilización occidental. Enseñe a sus hijos a leer música. Proporcióneles clases para aprender a tocar un instrumento musical o danza. Anímeles a unirse al coro, banda u orquesta del colegio. Asista a producciones teatrales, conciertos y ballets en familia cuando sea posible.

9. Planee viajes de estudios o vacaciones familiares que incluyan visitas a museos, teatros, shows de marionetas, conciertos, ballets, óperas y festivales de arte. Anime siempre a sus hijos a «expresar su propia imaginación» respondiendo a las historias bíblicas, música y literatura con pinturas, dibujos, modelado en arcilla, danza, actuaciones o representaciones.

Séptima puerta: El temperamento de su hijo

El temperamento está relacionado con los rasgos y aspectos con que Dios ha dotado la personalidad del individuo. La idea hebrea de temperamento abarca características como la vivacidad, el vigor, la paciencia y el contentamiento. «*Porque somos hechura suya, creados en Cristo Jesús para hacer buenas obras*» (Ef 2:10a). Cada niño tiene que aprender a someter su temperamento al Espíritu Santo y a gobernarlo conforme a las normas del carácter cristiano. Los niños son asombrosamente únicos desde su nacimiento. Algunos son tranquilos, duermen y comen bien. En el otro extremo están los bebés quisquillosos o exigentes, que sufren cólicos y se sienten molestos con todo. Otras diferencias de temperamento tienen que ver con cualidades como «nivel de actividad, regularidad, acercamiento o apartamiento, adaptabilidad, umbral de correspondencia o capacidad de respuesta, intensidad de reacción, calidad de disposición de ánimo, distracción, periodo de concentración y persistencia».[24]

El temperamento de un niño será moldeado, para bien o para mal por sus padres. Cuando los padres gobiernan y atienden afectuosa y cuidadosamente al niño, éste aprende a usar sus puntos fuertes y débiles para la gloria de Dios. Dios dota a todo niño con cualidades singulares para propósitos específicos. Estos son activos que han de aprovecharse y canalizarse con arreglo a la vocación divina. A menudo, esas cualidades temperamentales que a los padres les resulta más frustrantes serán a la larga muy útiles para llevar a cabo «las obras que Dios ha preparado para»[25] él/ella. Cada debilidad puede ser redimida. La testarudez puede ser aprovechada para adquirir perseverancia y persistencia. La impulsividad del apóstol Pedro se transformaría en audacia y coraje. Si se descuidan las cualidades temperamentales del niño, en vez de ayudarle a usarlas para la gloria de Dios, se desaprovechará la oportunidad de desarrollar su pleno potencial.

Por otra parte, los padres no deben tolerar excesos pecaminosos de temperamento, de ahí la exhortación del Nuevo Testamento a actuar con «moderación».[26]

Proteja la puerta del temperamento de su hijo

1. Dé gracias por la combinación singular de las cualidades temperamentales de su hijo. Fomente su pleno potencial.

2. Conviértase en estudioso de sus propios hijos. Sea consciente de cómo interactúa cada niño con la gente y cómo gestiona sus experiencias. Considere su individualidad a medida que le cría y le enseña. Cada niño aprende y responde mejor según su propia manera de ser.

3. Sea consciente de la clase de situaciones que retan especialmente a su hijo. Algunos niños no pueden tolerar gran cantidad de actividad o datos sensoriales. Demasiadas elecciones sobrecargan a otros. Muchos niños funcionan mejor con un horario regular diario, pero para algunos es absolutamente necesario.

4. Ore para que Dios utilice todas las cualidades temperamentales de su hijo para su propósito, y le dé sabiduría para gestionar y moldear sus cualidades a fin de cumplir dicho propósito.

Octava puerta: Dones y capacidades naturales y espirituales de su hijo

La palabra hebrea traducida por «idoneidad» o «aptitud» hace referencia a la capacidad o poder intelectual, el entendimiento y el conocimiento. La Escritura dice de Daniel y sus amigos que eran *«aptos para el servicio en el palacio real».*[27] La palabra hebrea traducida por «habilidad» o «destreza» hace referencia al conocimiento práctico. Puede incluir talento natural para el pensamiento, la imaginación, el discernimiento, la sabiduría y la percepción. Dios dota a las personas con habilidades para toda clase de servicios, por ejemplo, hilar, tejer, confeccionar prendas, grabar, diseñar, metalurgia, albañilería, carpintería, inventar, escribir, cazar y hacer la guerra. Dios *«hizo los cielos con sabiduría»,*[28] y Él concede a cada persona destrezas y talentos para llevar a cabo su plan eterno y dar gloria a su nombre.

Los padres hebreos enseñaban a sus hijos una destreza, arte u oficio para ganarse la vida. Como se ve en la vida de Jesús, que aprendió el oficio de la carpintería de su padre, un hijo era aprendiz de su padre.[29] Las madres hebreas instruían a sus hijas en destrezas para confeccionar tejidos, prendas de vestir, cocinar, administrar la casa, el campo y comerciar.[30] Los hijos y las hijas aprendían a danzar y tocar instrumentos musicales.[31] El rol de los padres cristianos es reconocer los talentos del niño y proporcionarle instrucción para que adquiera destrezas que le equipen para una vida exitosa. Las aptitudes del niño son propiedad interna que Dios le ha concedido para invertirlas en su reino, para proveer para su familia y su comunidad.

Los dones espirituales son talentos sobrenaturales que Dios nos concede para servirnos mutuamente según los propósitos de Dios. Él concede a cada creyente al menos un don espiritual que le capacita para cumplir su vocación divina. *«Porque los dones y el llamamiento de Dios son irrevocables»* (Ro 11:29). A veces los dones espirituales no tienen nada que ver con los rasgos naturales. Moisés tartamudeaba y se sentía naturalmente inseguro, no apto para hablar. No obstante, Dios le llamó y le capacitó para confrontar al Faraón. Los dones espirituales permiten a la persona hacer cosas que en sus fuerzas o capacidades naturales sería imposible hacer. *«Pero tenemos este tesoro en vasos de barro, para que la extraordinaria grandeza del poder sea de Dios y no de nosotros»* (2 Co 4:7).

Desde el advenimiento del Espíritu Santo, los dones espirituales se conceden a todos los cristianos para la edificación del Cuerpo de Cristo. Lea 1 Co 12. El Nuevo Testamento identifica los dones espirituales como: *«profecía, servicio, enseñanza, exhortación, generosidad, dirección y misericordia»* (Ro 12:3-5), *«palabra de sabiduría, palabra de conocimiento, fe, dones de sanidad, poder de milagros, profecía, discernimiento de espíritus, diversas clases de lenguas, interpretación de lenguas, ayudas y administraciones»* (1 Co 12:4-11; 28). Los dones espirituales son concedidos para el *«bien común»*.[32] Los dones se manifiestan y se confirman cuando se sirve en amor. Si a un niño se le instruye y se le supervisa, aprende a usar de buena gana los dones que Dios le ha concedido.

Como la otra propiedad interna del niño, es menester que los dones espirituales sean administrados por los padres en sus primeros años. *«Según cada uno ha recibido un don especial, úselo sirviéndoos los unos a los otros como buenos administradores de la multiforme gracia de Dios»* (1 P 4:10). El niño debe aprender a usar sus dones en el contexto de una íntima relación con Dios basada en la Palabra y la oración. Sin amor, los dones carecen de sentido,[33] por lo que el carácter cristiano se debe cultivar como fundamento para el ministerio. Los niños precisan ser enseñados a desear y buscar los dones espirituales para edificación de la iglesia, no para su propio honor y gloria.[34] El niño es capaz de experimentar lo sobrenatural. Sin embargo, algunos se vuelven al mal: juegos, libros y prácticas esotéricos porque nunca tuvieron un encuentro con el poder de Dios. Los niños tienen que aprender la diferencia entre los dones falsos y los verdaderos.

Proteja la puerta de los dones y talentos naturales y espirituales de su hijo

1. Proteja a su hijo de dibujos animados y programas de televisión en los que aparecen seres malignos; de libros, juegos y películas populares acerca de lo sobrenatural y de la plétora de programas televisivos que ilustran prácticas de poder demoníaco y hechicería.

2. Lleve a su hijo con usted cuando ministre a otros, p. ej., cuando vaya a ayudar a un vecino u orar por algún enfermo. Críe a su hijo en una atmósfera de servicio y ayuda a los demás para que pueda experimentar el poder de Dios de primera mano.

3. Tome nota de cómo responde la familia, y otros, al servicio de amor que presta su hijo. Ayúdele a identificar la manera especial con que Dios le ha dotado.

4. Enseñe a su hijo destrezas básicas. Considere los miembros de su parentela o familia y de la iglesia para prestarles ayuda. Programe tiempo en el calendario familiar para enseñar tales destrezas como una actividad agradable.

5. Proporcione oportunidades a su hijo para conocer gente en su comunidad especialmente diestra en diversas áreas. Esto le permitirá ser consciente de sus propios intereses y desarrollar visión para descubrir la manera en que esas capacidades se pueden usar para la gloria de Dios y para servir a otros.

6. Manténgase alerta para descubrir las aptitudes únicas que exhiba su hijo para poder animarle y proporcionarle

instrucción especial en esas destrezas y habilidades concretas. Su función consiste en ayudar a su hijo a descubrir y administrar la individualidad que Dios le ha otorgado, no en moldearle para que sea como usted.

Novena puerta: La cosmovisión de su hijo

La cultura actual es una conflagración entre cosmovisiones opuestas de verdad y falsedad. El campo de batalla es la mente y el corazón de los niños. La cosmovisión es la mentalidad con que contemplamos el mundo y gobernamos nuestra vida. Está arraigada en las creencias básicas acerca de la naturaleza de la realidad. Las elecciones diarias que hacemos determinan nuestra cosmovisión. Ésta responde a preguntas como: «¿Cuál es el sentido de la vida?». «¿Existe Dios?» «Si Él existe, ¿cómo se relaciona con el mundo?». La crianza efectiva de los hijos consiste en enseñarles a ver la vida entera a través del cristal de la Biblia. El conocimiento bíblico es esencial para todo niño. También necesitan un marco más amplio para conectar sus creencias espirituales con su visión general de la realidad. El encuestador George Barna declaró: «Sin una cosmovisión bíblica, toda gran enseñanza entra por un oído y sale por el otro. No hay clavijas intelectuales… en la mente de la persona, con las que sujetar las verdades, de manera que se vuelven transitorias. No permanecen. No marcan una diferencia».[35]

Estudios realizados por el Instituto Nehemías concluyen que «al menos el 90 por ciento de niños y jóvenes que proceden de hogares cristianos asisten a escuelas y colegios públicos o centros cristianos tradicionales y abandonan regularmente la cosmovisión cristiana en favor de la cosmovisión humanista/socialista».[36] La Biblia presenta la única cosmovisión verdadera objetiva y completa. Cualquier otra cosmovisión es una distorsión de la verdad que se produce como resultado de la caída del hombre. En el Capítulo 1 de este libro se examinó el impacto que causa la cosmovisión. En efecto, es crucial inculcar una cosmovisión cristiana, bíblica, en los niños. La cosmovisión de la cultura secular influirá en su pensamiento si los padres, maestros y pastores no *alimentan deliberadamente* sus mentes con la Palabra de Dios[37] y les enseñan a aplicar sus verdades a su vida. El pastor Voddie Baucham

idea (n.) 1) Pensamiento o concepto que existe en la mente como producto de la actividad mental. 2) Opinión, convicción o principio.

advierte: «Si no impartimos a nuestros hijos una cosmovisión bíblica, sólo observarán nuestras normas mientras están bajo nuestra vigilancia, pero tan pronto como sean independientes, tomarán decisiones basadas en su propia cosmovisión».[38]

El adulto, mediante el ejercicio de su voluntad, conforma su cultura. Del mismo modo, el niño dirige el curso de su vida. Esa dirección procede de las ideas. Su futuro no está determinado por su medio ambiente externo, sino por sus *creencias y elecciones internas*. *«Pues como piensa dentro de sí, así es»* (Pr 23:7). La mente humana es receptiva a ideas sugerentes, especialmente en la infancia. Por tanto, los padres y maestros deben enseñar las ideas que edifiquen una cosmovisión bíblica, comenzando desde la primera infancia, y protejan del humanismo secular. Con el tiempo, este proceso edificará modelos mentales de Dios, el yo y la realidad que proporcionan al niño un fuerte asidero con el que filtrar los valores e ideales culturales que le ofrecen amigos, maestros, libros de texto y medios de comunicación, y discernir el engaño y la ilusión.

Proteja la puerta de la cosmovisión de su hijo

1. Identifique la fuente que arroja cosmovisión secular en su hogar y su comunidad. Seleccione programas de televisión, deuvedés, CDés, sitios de internet y redes sociales. Examine los libros de texto de sus hijos. Inquiera cada día lo que aprenden en clase. Mantenga vivos los coloquios familiares y desintoxique cuando sea necesario. Manténgase al corriente de las tareas y cursos exigidos. Participe activamente en la escuela o en el consejo escolar cuando haya conflicto con su estándar bíblico.

2. El poder de la persuasión es irresistible. Comente la cosmovisión oculta y los mensajes subliminales de los anuncios. Los niños son consumidores importantes a quienes van dirigidas intensas campañas publicitarias —en EEUU se gastan más de 12.000 millones al año en convencer a los niños—. Ayude a sus hijos a descubrir la falsedad y el engaño promovido a través de los anuncios y tácticas de marketing.

3. Instruya a su hijo en la doctrina bíblica mientras es pequeño y edifíquele sobre ella a medida que va madurando. La

iglesia del primer siglo desarrolló una forma de catecismo oral para niños.[39] Por más de 450 años la iglesia reformada ha venido usando *el Catecismo de Ginebra, el Catecismo de Westminster y el Catecismo de Heidelberg*. El catecismo, o manual para educar en la fe a niños y adultos, enseña la doctrina cristiana recurriendo a una serie de preguntas y respuestas. Para los niños de hoy, la forma más sencilla se titula el *Catecismo de los niños pequeños*. Luego están el *Catecismo para niños* y el *Catecismo abreviado*. Todas las versiones están disponibles online en: http://www.reformed.org/documents/index.html.

4. Converse regularmente con su hijo razonando con la verdad y aplicando la doctrina cristiana a las preguntas y decisiones que ha de afrontar cada día. Con los niños mayores y los jóvenes, comente las implicaciones de la cosmovisión bíblica en cuestiones de familia como el matrimonio y la sexualidad, y asuntos culturales como el gobierno, la economía, el arte, la música, la ciencia, etc. Un recurso útil es *Trainings Hearts, Teaching Minds* . Se pueden obtener otros materiales de cosmovisión en lengua inglesa en el Instituto Nehemíah: http://www.nehemiahinstitute.com/ y Summit Ministries http://www.summit.org/.

5. La cosmovisión de los padres ejerce gran influencia en el desarrollo de la de los niños. Cerciórese de que *su propio pensamiento* está modelado por la cosmovisión bíblica. George Barna estima que ¡sólo un 8 por ciento de cristianos en EEUU tienen una cosmovisión bíblica! Un excelente recurso familiar para el diálogo entre padres que se puede simplificar para los hijos es *How Now Shall We Live?*[40] (¿Cómo viviremos entonces?) de Charles Colson y Nancy Pearcey. El libro incluye una guía de estudio con preguntas sobre cosmovisión que estimulan el pensamiento y ayudan a la familia a pensar acerca del mundo como lo ve Dios.

6. Si su iglesia o un grupo de padres y jóvenes en su vecindario desean participar en un curso de cosmovisión, consistente en una serie de temas en 12 deuvedés, consulte *The Truth Project*[41] (el Proyecto Verdad) desarrollado por Enfoque en la Familia, ahora disponible en varios idiomas.

Décima puerta: La identidad de género de su hijo

La identidad personal es la suma total del concepto que uno tiene de sí mismo. Puesto que somos creados a imagen de Dios con elementos ricos y diversos, ningún aspecto de nuestro ser debe dominar el concepto que tenemos de nosotros mismos. Aunque no somos principalmente seres sexuales, nuestra masculinidad o feminidad constituye una dimensión vital e integral de la persona total.

Dios se presenta a sí mismo como varón. Él se reveló a través de un hijo, no una hija. Contamos con el modelo perfecto de hombría en la persona de Jesucristo. No obstante, la naturaleza de Dios contiene tanto rasgos masculinos como femeninos.[42] *«Creó, pues, Dios al hombre a imagen suya, a imagen de Dios lo creó; varón y hembra los creó»* (Gn 1:27). Jesús[43] y Pablo[44] reafirman en el Nuevo Testamento la relación entre el hombre y la mujer en el orden de la creación. Dios escoge soberanamente el género de cada niño.[45] El género del niño es crucial para el propósito y el llamado de Dios en su vida. También lo es la *aceptación de su género*. El desarrollo de una identidad de género sana se asienta sobre una relación sana y afectuosa del padre con la madre, y en la relación del niño con cada padre. La sana relación que mantienen los padres entre sí debe ejemplificar el mutuo respeto en el ejercicio de los roles complementarios que Dios les ha dado a cumplir en la familia. No hay diferencia de honor, gloria o valor entre el hombre y la mujer.[46]

Una las principales estrategias satánicas para pervertir la imagen de Dios en los niños es la confusión de su identidad de género. El enemigo se ha infiltrado de tal manera en la cultura con sus embustes acerca de la sexualidad que incluso la Iglesia ha empezado a aceptar la homosexualidad. Cuando los padres abandonan la puerta, la Iglesia abandona la suya entonces la cultura entera se torna vulnerable. Los gobiernos de muchas naciones sostienen la mentira de que el individuo puede escoger su género y su orientación sexual. Esta propaganda se divulga como si fuera un derecho civil, pero la verdad es que sólo Dios tiene autoridad para decidir el género. El apóstol Pablo describe lo que está sucediendo en muchos países como consecuencia de la supresión de la verdad de Dios:

> *Por consiguiente, Dios los entregó a la impureza en la lujuria de sus corazones, de modo que deshonraron entre sí sus propios cuerpos; porque cambiaron la verdad de Dios por la mentira, y adoraron y sirvieron a la criatura en lugar del Creador, que es bendito por los siglos. Amén. Por esta razón Dios los entregó a pasiones degradantes;*

> *porque sus mujeres cambiaron la función natural por la que es contra la naturaleza; y de la misma manera también los hombres, abandonando el uso natural de la mujer, se encendieron en su lujuria unos con otros, cometiendo hechos vergonzosos hombres con hombres, y recibiendo en sí mismos el castigo correspondiente a su extravío. Y así como ellos no tuvieron a bien reconocer a Dios, Dios los entregó a una mente depravada, para que hicieran las cosas que no convienen* (Ro 1:24-28).

La identidad sexual del niño debe ser protegida por medio de la aceptación amorosa de los padres y la verdadera adoración al Dios viviente. La noción de la sexualidad del niño debe estar firmemente arraigada en la Palabra de Dios y las normas paganas de conducta sexual deben ser claramente rechazadas. Debe controlarse con sumo cuidado lo que se enseña al niño en la escuela. Una vez que éste se ha afirmado en su propia identidad de género y es sabedor de que Dios escoge el género de cada persona, necesita que se le enseñe a mantenerse sexualmente puro y a interactuar amablemente con las personas engañadas.

Proteja la puerta de la identidad sexual de su hijo/a

1. Si usted se llevó una decepción al conocer el género de su hijo/a en su nacimiento, arrepiéntase de esta actitud, dé gracias a Dios por el niño o niña que Él le dio y deléitese en su hijo, sea niño o niña.

2. Si el padre está ausente del hogar, pida a Dios que Él provea la amorosa afirmación y bendición paternal que cada niño necesita además de la afirmación y bendición maternal.

3. Cultive el corazón adorador de su hijo, no sólo durante el culto familiar, sino alabando los atributos de Dios en la creación cuando estén en contacto con la naturaleza u observen la sabiduría y la belleza de lo que Él ha creado. Aunque el hombre es único como portador de la imagen de Dios, la creación ofrece muchas lecciones de reproducción, así como de propósito y fecundidad.

4. En su tiempo de devoción familiar, asegúrese de interactuar con su hijo acerca de la imagen de Dios, al crearnos hombre y mujer, y escoger nuestro género. Estudie cómo

Dios desea que el hombre y la mujer se complementen según su orden divino. Cuando el niño haya alcanzado una edad adecuada, incluya un estudio de Romanos 1.

5. Antes del inicio de cada curso escolar (en un centro público o cristiano) obtenga una copia del programa de educación sexual para el grado en que se encuentre su hijo. Considere en oración qué quiere el Señor que deje de hacer su hijo. Si no, prosiga las lecciones de la escuela o colegio con su propia enseñanza en casa y discierna si su hijo es capaz de contrarrestar las falsedades enseñadas en la escuela.

6. Seleccione atentamente los programas de televisión, películas y sitios de internet que ofrecen comportamientos sexuales ilícitos. De lo contrario, considere la posibilidad de retirar la televisión y la conexión a internet hasta que su hijo sea un joven maduro, bien establecido en su relación con Jesucristo.

7. Si su joven ya ha escogido una identidad homosexual, ¡no se rinda! Él (o ella) puede ser sanado y transformado por el poder de Cristo[47] mediante el arrepentimiento y la oración.

Pensamientos finales

¿Qué le está diciendo Dios acerca de las varias puertas que dan acceso al corazón de su hijo? ¿Qué puertas están bien protegidas y preservadas en su hogar? ¿Cuáles son vulnerables? Todos hemos fallado en vigilar ciertas áreas de la vida de nuestros hijos, pero ha llegado el momento de ser como Nehemías y buscar al Señor para obtener sabiduría, ayuda y coraje para reparar las puertas y restaurar los muros. Dios espera vehementemente nuestro arrepentimiento y nuestro compromiso para establecer el pacto, como hizo Nehemías, para poder proveernos la ayuda y la guía necesarias.[48] La siguiente oración sencilla puede resultar útil:

> Querido Padre celestial, recibo tu plan para criar a mi hijo y educarle para ser líder en su generación. Confieso que he fallado en cumplir mi rol de padre para sustentar y proteger las puertas de su corazón y me arrepiento. Me vuelvo ahora a Ti y te pido tu gracia y tu poder para ser un padre según tu corazón. Ayúdame a proyectar

visión en la vida de mi hijo conforme a tu llamamiento y tu Palabra eternos. Dame sabiduría y recursos para establecer su identidad en Cristo y equiparle para cumplir tu propósito en su vida. Que pueda lograr su pleno potencial en Cristo. Sé glorificado en nuestra familia y en la próxima generación. Amén.

Recursos adicionales

Lecturas bíblicas AMO® para razonar, currículo de literatura e historia del cristianismo (disponible en inglés, español y portugués): www.amoprogram.com.

Juventud Con Una Misión. *Héroes cristianos de ayer y de hoy.* Tyler, Texas: Editorial JUCUM.

Christianhomeschoolers.com. *Online Biographies of Famous People.* http://www.christianhomeschoolers.com/hs_biographies.html

Christian Classics Ethereal Library. http://www.ccel.org/index/subject/classics

Sky.fm. (Emisora clásica y gratuita de radio por internet.) http://www.sky.fm/classical

EL ESTABLECIMIENTO DEL CULTO FAMILIAR

Dios estableció el hogar como centro de adoración desde el cual sus bendiciones fluyeran hacia la sociedad y la nación. Él escogió la familia cristiana para proclamar sus alabanzas y reproducir su amor y su justicia en el mundo. Cuando Dios llamó a Abraham y su familia para adorarle, les hizo esta maravillosa promesa:

Haré de ti una nación grande,
Y te bendeciré,
Y engrandeceré tu nombre,
y serás bendición.
Bendeciré a los que te bendigan…
Y en ti serán benditas todas las familias de la tierra (Gn 12:2-3).

Dios ha otorgado a los padres la capacidad de engendrar hijos a imagen de Su corazón y de Su naturaleza. Ha confiado a los padres la responsabilidad de enseñar a sus hijos sus caminos y les ha provisto la guía necesaria para triunfar. Del mismo modo, ha plantado en el corazón de todo niño el anhelo de conocerle y adorarle. Con toda maravilla de detalles, Dios diseñó y preparó la unidad familiar para adorarle y bendecirle.

En la creación, Dios concedió al hombre la capacidad de engendrar hijos a su semejanza

Dios creó al hombre, varón y mujer,[1] a su propia imagen, y cada uno de ellos refleja aspectos únicos de su naturaleza amorosa y relacional. Dios bendijo a los padres desde el principio con la capacidad divina de engendrar hijos a su semejanza.[2] Las familias de la tierra han de reflejar la vida gloriosa de la Trinidad en la comunión del Padre y el Hijo y el Espíritu Santo. Adán y Eva se deleitaron en esta estrecha comunión antes de pecar. Cuando desobedecieron a Dios, toda la humanidad heredó una naturaleza pecaminosa. Sin embargo, el corazón paternal de Dios ya había planeado la redención del hombre y la restauración de una comunión íntima con Dios a través de Cristo. A lo largo de muchas generaciones, Dios cultivó pacientemente la fe y el entendimiento de su pueblo mediante una serie de pactos que revelan los requisitos para mantener una relación con Dios y recibir sus bendiciones. Examinemos esas promesas de pacto.

La familia es el instrumento de bendición de Dios gracias al pacto que Él concertó con los padres de la fe

«Por la fe Noé… preparó un arca para la salvación de su casa» (Heb 11:7). Noé es un ejemplo de cómo los padres justos obtienen bendición para sus hijos. Dios libró a Noé y su familia (en total ocho personas) del gran diluvio que destruyó a toda la humanidad. En acción de gracias, Noé construyó un altar y guio a su familia a adorar. Dios pactó con Noé no volver a destruir toda la tierra con inundación. Bendijo a Noé y a sus hijos y repobló toda la tierra con su descendencia.

Dios hizo también un pacto con Abraham para darle un hijo a través del cual sus bendiciones pasarían a las naciones.[3] *«Y estableceré mi pacto contigo y con tu descendencia después de ti, por todas sus generaciones, por pacto eterno, de ser Dios tuyo y de toda tu descendencia después de ti»* (Gn 17:7). Note que el pacto no fue sólo con el padre, sino también con sus hijos y nietos. El pacto es una promesa respaldada por la fidelidad de Dios. Él se propone tener la misma relación con el hijo como con el padre. La promesa *«Yo seré vuestro Dios»* es aceptada por la fe del padre y la fidelidad divina. El padre acepta esta promesa también para su hijo. Dios garantiza su gracia al padre para ayudarle a guiar a su hijo a una misma fe personal en Él.

En el Nuevo Pacto que Dios hizo mediante el sacrificio de Jesucristo, todos los que creen en Cristo son también «herederos... del pacto»[4] y receptores de todas las bendiciones del mismo.

Los padres y maridos son sacerdotes para sus familias por nombramiento divino

Aunque todo cristiano es sacerdote, los maridos y padres desempeñan un ministerio sacerdotal especial como cabezas del hogar. Dios ha nombrado a los padres sacerdotes de sus hogares para iniciar su bendición en la familia. El ministerio sacerdotal del padre fluye de su propia fe, que le permite confiar en el pacto de Dios. La fe y el amor a Dios del padre precede al mandato divino de enseñar a sus hijos: *«Amarás al SEÑOR tu Dios con todo tu corazón, con toda tu alma y con toda tu fuerza»* (Dt 6:5).

El padre sirve de tres maneras como sacerdote de la familia. En primer lugar, intercede en favor de sus hijos para que reciban bendiciones. Tenemos un ejemplo conmovedor del rol intercesor del padre en la Pascua cuando Dios encargó a Moisés que todo cabeza de familia marcara con la sangre de un cordero sin tacha los postes y el dintel de las puertas de sus casas. Los padres ofrecieron este sacrificio de sangre por fe, creyendo que Dios protegería sus familias de las plagas que cayeron sobre Egipto.[5] El cordero pascual anuncia el sacrificio de Jesucristo, el Cordero de Dios.[6] Por fe en el poder de la Sangre de Jesús, los padres cristianos obtienen las bendiciones de las promesas de Dios a favor de sus familias.

En segundo lugar, los padres ejercen un rol sacerdotal como maestros. Han sido elegidos para impartir instrucción piadosa a sus hijos. El rol de enseñanza de los padres se trató más a fondo en capítulos previos. En tercer lugar, los padres ejercen un rol sacerdotal como líderes de adoración de sus familias. La primera mención que hace la Biblia de la palabra «adoración» aparece en la historia de Abraham cuando lleva consigo a Isaac al monte Moriah.[7] Dios había mandado a Abraham sacrificar a su hijo Isaac en adoración. Cuando el padre y el hijo partieron Isaac preguntó: *«¿Dónde está el cordero para el holocausto?»* Isaac sabía, por experiencia, que hacía falta un sacrificio. Abraham dijo a Isaac: *«Dios proveerá para sí el cordero»* (Gn 22:7-8). Isaac aprendió a confiar en Dios por el ejemplo y la enseñanza de su padre. Tanto él como su hijo Jacob guiaron a sus propias familias a adorar al Señor.[8]

La verdadera adoración es un estilo de vida motivado por el amor y la obediencia.

El diccionario define el verbo «adorar» como «rendir culto; rendir honor divino a; reverenciar con supremo respeto y veneración».[9] Adoramos a Dios cuando le atribuimos valor y dignidad. La adoración implica el ser entero y toda esfera de la vida.

> *Por consiguiente, hermanos, os ruego por las misericordias de Dios que presentéis vuestros cuerpos como sacrificio vivo y santo, aceptable a Dios, que es vuestro culto racional. Y no os adaptéis a este mundo, sino transformaos mediante la renovación de vuestra mente, para que verifiquéis cuál es la voluntad de Dios: lo que es bueno, aceptable y perfecto (Ro 12:1-2).*

El supremo acto de adoración es obedecer a Dios con un corazón de amor. Jesús dice: «El que me ama, mi palabra guardará».[10] Podemos fallar, pero Dios ha provisto un sacrificio para nuestros fallos y pecados. Los primeros padres de la Biblia sacrificaron animales como machos cabríos, terneros y corderos para expiar sus pecados. Estos no eran más que una sombra del verdadero sacrificio, la sangre de Cristo: «*Y no por medio de la sangre de machos cabríos y de becerros, sino por medio de su propia sangre, entró al Lugar Santísimo una vez para siempre, habiendo obtenido redención eterna*» (Heb 9:12). Por fe en la sangre de Jesús es limpio nuestro corazón. «*Por tanto, acerquémonos con confianza al trono de la gracia para que recibamos misericordia, y hallemos gracia para la ayuda oportuna*» (Heb 4:16).

La devoción en familia es un elemento clave de la adoración familiar

La alabanza, la acción de gracias y la dependencia gozosa en Dios del corazón de los padres, en su vida diaria, imparten un espíritu de adoración en el hijo. Además, un tiempo diario de alabanza, enseñanza de la Palabra y oración atraen directamente a una relación personal y de adoración a Dios. Las devociones han de ser dirigidas por la cabeza de familia. Si el padre está ausente, entonces dirigirá la madre. El dirigir las devociones familiares no es una cosa complicada. He aquí algunos principios e ideas para ayudarle a empezar, o fortalecer el tiempo de devoción en familia que ya disfrutan.

adorar (v.) rendir culto, reverenciar; respetar sumamente; honrar con amor y devoción.

PRINCIPIO 1:
Deben ser derribados los ídolos y los altares a otros dioses

Cualquier cosa que ponemos a la altura del pedestal divino, o por encima de Dios es un ídolo. Todas las cosas buenas —la familia, una carrera de éxito, una relación romántica, la belleza, y las posesiones materiales— son dones de Dios; no deben ocupar su lugar en nuestras vidas. Timothy Keller asegura que «un ídolo es todo aquello que uno mira afirmando en lo más íntimo de su corazón: "Si tuviera eso, entonces sentiría que mi vida tiene sentido y significado, entonces sabría que tengo valor, entonces me sentiría valioso y seguro"».[11] Cuando creemos que otras cosas nos satisfarán más que Él, estamos engañados. Este engaño nos impulsa a valorar e ir en pos de dioses falsos.

> *No tendrás otros dioses delante de mí. No te harás ningún ídolo, ni semejanza alguna de lo que está arriba en el cielo, ni abajo en la tierra, ni en las aguas debajo de la tierra. No los adorarás ni los servirás; porque yo, el SEÑOR tu Dios, soy Dios celoso, que castigo la iniquidad de los padres sobre los hijos, y sobre la tercera y la cuarta generación de los que me aborrecen* (Dt 5:7-9).

Fuimos creados con el deseo innato de adorar a Dios. Una de dos, o adoramos a Dios o creamos nuestros propios dioses para adorarlos. Aunque la adoración idolátrica de imágenes esculpidas es descaradamente perversa,[12] la Biblia también identifica otros pecados como idolatría: *«la fornicación, la impureza, las pasiones, los malos deseos y la avaricia»* (Col 3:5). Hacemos del dinero un ídolo cuando se convierte en un fin en sí mismo.[13] El don divino de la sexualidad se erige en ídolo cuando no honramos el cuerpo ni preservamos la mente de impureza sexual. Nuestros cuerpos son *«templos del Espíritu Santo»* que han de ser honrados como tales (1 Co 6:19). La pornografía y el sexo fuera del matrimonio son idolatría. Somos culpables de idolatría cuando usamos nuestras capacidades, posición o autoridad para manipular o controlar a otros.

A través de la historia, el diablo ha seducido a la gente a adorarle bajo el disfraz de otros dioses.[14] Algunos hogares tienen verdaderos altares en donde se adoran imágenes de falsas deidades. La Biblia afirma que esas imágenes

altar (n.) Lugar de adoración. Para el creyente, el altar es su corazón.

ídolo (n.) Cualquier cosa que usurpa el lugar de Dios en el corazón de los hombres..

de madera, oro o plata están muertas; no tienen aliento.[15] Toda idolatría roba al Señor la adoración que sólo Él es digno de recibir.

Aplicación de este principio a su vida

El arrepentimiento de la idolatría abre el camino a la adoración que agrada a Dios.

1. Pida al Señor que le muestre cualquier cosa que usted o su familia han permitido que interfiera con su adoración a Él.[16] Arrepiéntase de esos ídolos, pida perdón a Dios, y después actúe seguro en ese perdón, renovando su adoración al Dios único.

2. Pida a Dios que santifique su hogar con el Espíritu Santo. Pídale que le muestre qué objetos, imágenes o música deben ser retirados o destruidos.

3. Dedique su hogar en oración al Señor.

PRINCIPIO 2:
La alabanza y la acción de gracias abren el camino a la presencia de Dios

Nos acercamos al Señor para adorar en familia con gozo y audacia porque nuestros pecados nos han sido perdonados. ¡Hemos sido santificados por el sacrificio de la sangre de Jesucristo! La acción de gracias y la alabanza son sacrificios que honran y agradan a Dios.[17]

Entrad por sus puertas con acción de gracias, y a sus atrios con alabanza. Dadle gracias, bendecid su nombre (Sal 100:4).

Venid, cantemos con gozo al SEÑOR, aclamemos con júbilo a la roca de nuestra salvación. Vengamos ante su presencia con acción de gracias; aclamémosle con salmos (Sal 95:1-2).

De igual manera, el Nuevo Testamento nos exhorta a cantar salmos, himnos y cánticos espirituales a Dios.[18] Adoramos al Señor con canciones de alabanza y adoración, con palabras que ensalzan su carácter y engrandecen sus poderosas obras, con instrumentos musicales y danzas. El Señor mora en las alabanzas de su pueblo.[19] El Espíritu Santo se acerca a la familia cristiana que alaba al Señor.[20]

Aplicación de este principio en su vida

Considere estas ideas para cultivar un espíritu de alabanza y acción de gracias en la adoración familiar:

1. Llame a su familia a adorar leyendo un versículo de alabanza, expresando su necesidad y anhelo de Dios e invitando la presencia de Dios. (Véanse recursos en el ejemplo de devoción al final de este capítulo.)

2. Declarar o cantar al Señor canciones con letras bíblicas es una manera maravillosa de adorarle. Los Salmos están llenos de alabanza. Los himnarios o cancioneros son útiles. Muchas canciones de alabanza y adoración son de dominio público y se pueden localizar en internet. Una vez que los niños han aprendido la primera estrofa, se puede enseñar otra, pero hay que cerciorarse de cantar las que ya han aprendido y confeccionar un repertorio. (Véanse recursos en el ejemplo de devoción en familia al final de este capítulo.)

3. Anime a sus hijos a expresar a Dios en sus propias palabras cosas por las que están agradecidos. Ejemplifique esta clase de alabanza.

4. El Espíritu Santo puede dar a un miembro de la familia una nueva canción, una escritura de alabanza para expresar, o palabras espontáneas de amor a Dios.[21] Los niños pueden escribir una canción o poema de alabanza al Señor o tocar un instrumento musical.

5. Al principio, los padres desearán seleccionar canciones de alabanza o himnos y dirigir el culto de adoración. Una vez que se haya establecido el modelo, los niños mayores también pueden ayudar a dirigir la alabanza y la acción de gracias.

PRINCIPIO 3:
El abrir juntamente la Palabra edifica una familia sólida

Dios desea que cada uno de sus hijos cultive una relación personal con Él basada en el evangelio.[22] Para que las familias sean fuertes, se deben enseñar y obedecer sus mandamientos. Dios ordenó que los padres sean los principales maestros de la Palabra para sus hijos.

«Estos, pues, son los mandamientos, los estatutos y los juicios que el SEÑOR vuestro Dios me ha mandado que os enseñe, para que los pongáis por obra en la tierra que vais a poseer, para que temas al SEÑOR tu Dios, guardando todos sus estatutos y sus mandamientos que yo te ordeno, tú y tus hijos y tus nietos, todos los días de tu vida, para que tus días sean prolongados. Escucha, pues, oh Israel, y cuida de hacerlo, para que te vaya bien y te multipliques en gran manera, en una tierra que mana leche y miel, tal como el SEÑOR, el Dios de tus padres, te ha prometido» (Dt 6:1-3).

Mientras los padres buscan instrucción y sabiduría en la Biblia, modelan para sus hijos la verdad del Sal 119:105: *«Lámpara es a mis pies tu palabra, y luz para mi camino»*. Los padres cristianos aprecian y enseñan la Palabra de Dios antes que los pensamientos y las opiniones de los hombres.[23] Puede que los cristianos que no crecieron leyendo la Biblia nunca hayan aprendido a pensar y razonar según los principios cristianos. No obstante, podemos aprender a pensar como Dios piensa leyendo y meditando diariamente su Palabra, y obedeciendo todo lo que entendemos. Con el tiempo, nuestra mente será renovada por la Palabra de Dios.[24] A menudo limitamos nuestro pensamiento considerando que la Biblia sólo ofrece instrucción en el ámbito personal y privado en vez de aportar gran relevancia en todas las esferas de la vida. Dios se preocupa de todos los aspectos de la vida, también del trabajo, el matrimonio, las amistades, la salud, la economía, el gobierno de la ciudad y de la nación. Él tiene sabiduría y dirección para cada decisión, elección y problema. Si estudiamos su Palabra, meditamos en ella y oramos, Dios dará visión y sabiduría a nuestra familia y hará que seamos bendición, sal y luz para otros.

Aplicación de este principio en su vida

He aquí algunas sugerencias a considerar cuando abra la Palabra de Dios a su familia.

1. Existen diversos planes de lectura bíblica disponibles. (Véanse recursos en el ejemplo de devoción al final de este capítulo.) Una forma sencilla es leer una porción o capítulo cada día y escoger los párrafos claves. Alterne pasajes del Antiguo Testamento con pasajes del Nuevo y omita los que no se adecúan al culto familiar, p. ej., largas genealogías.

2. Lea una porción de la Escritura y explique las palabras
    o conceptos que sus hijos no entiendan. Las historias
    bíblicas resultan especialmente interesantes a los niños
    más pequeños, sin embargo, casi cualquier pasaje breve
    puede llamarles la atención si se interpreta y se lee con
    entusiasmo.

3. Siga la lectura bíblica con preguntas sencillas que ayu-
    den a sus hijos a reflexionar en la verdad y a aplicarla a
    sus propias circunstancias. Incíteles a interactuar con la
    Palabra.

4. Escoja un versículo para memorizar como familia, dedique
    tiempo durante el culto de familia a que uno o más niños lo
    reciten. Muchas rimas y canciones bíblicas proporcionan
    maneras divertidas de memorizar la Palabra de Dios.

5. Provea a sus hijos una carpeta para archivar versículos cla-
    ves a memorizar, himnos y canciones favoritos y lo que el
    Señor les haya hablado durante el culto familiar. Esto será
    un tesoro para que algún día ellos mismos guíen a sus hijos
    en sus propios cultos de familia.

6. Reciten juntamente uno de los Credos históricos, uno
    de los Diez Mandamientos o una de las preguntas y
    respuestas del Catecismo Abreviado de Westminster.
    (Véanse recursos en el ejemplo de devoción al final de
    este capítulo.)

PRINCIPIO 4:
Ore con sus hijos para cultivar una relación con Dios

Nuestro Señor es un Dios de relaciones, y nos ha dado la oración
como medio para conocerle íntimamente. Anhela que nos dirija-
mos a Él como nuestro Padre celestial y se deleita en respondernos
cuando se lo pedimos. La palabra «oración» aparece por primera vez
en las Escrituras en la respuesta del rey David a la promesa de Dios
de bendecir su linaje: *«Porque tú, oh SEÑOR de los ejércitos, Dios de
Israel, has revelado a tu siervo, diciendo: "Yo te edificaré casa"; por
tanto, tu siervo ha hallado ánimo para elevar esta oración a ti»* (2 S
7:27). Nuestro ejemplo supremo de amistad en oración es el que Jesús

mantuvo diariamente con su Padre.[25] Cuando sus discípulos le pidieron que les enseñase a orar, Él respondió:

> *Vosotros, pues, orad de esta manera: «Padre nuestro que estás en los cielos, santificado sea tu nombre. Venga tu reino. Hágase tu voluntad, así en la tierra como en el cielo. Danos hoy el pan nuestro de cada día. Y perdónanos nuestras deudas, como también nosotros hemos perdonado a nuestros deudores. Y no nos metas en tentación, mas líbranos del mal. [Porque tuyo es el reino y el poder y la gloria para siempre jamás. Amén]»* (Mt 6:9-13).

Lo mismo que Jesús enseñó a sus discípulos, nosotros también modelamos para nuestros hijos los elementos de la oración: alabanza, acción de gracias, confesión, petición de perdón y provisión de necesidades. Las palabras con que oramos deben brotar sencilla y sinceramente del corazón. La oración abre la vía para que los niños crezcan en una relación personal con Dios. Necesitan saber que Él siempre nos oye, que es santo y que aborrece el pecado, que les ama profundamente y está listo para perdonarles. Los niños necesitan saber que Dios quiere que echen todas sus preocupaciones sobre Él. Necesitan saber que pueden pedirle ayuda en cualquier cosa y que Él es fiel. Los niños necesitan tener oportunidad de confesar sus pecados y de pedir perdón a Dios. A medida que experimentan la respuesta de Dios a sus oraciones, crecerán en fe y en confianza.

Una atmósfera de respaldo amoroso realza el tiempo de oración en familia. Cuando los miembros de la familia se perdonan unos a otros, descubren el poder del perdón para sanar relaciones tirantes. La oración en familia es un tiempo para pedir al Señor que establezca la Palabra en el pensamiento y los hábitos diarios de sus hijos. Es también un tiempo para que los padres oren *con* los hijos, les bendigan y pidan la protección de Dios sobre ellos, y la sabiduría divina para sus vidas y decisiones diarias. Los padres conocen las necesidades particulares de cada hijo y el tipo de ánimo y dirección adecuados para edificarles. Sus hijos necesitan oír que *usted* ora por ellos. Las oraciones de un padre y una madre *con* sus hijos cultivan sólidos vínculos familiares en Cristo.

Aplicación de este principio en su vida

Considere estas ideas para que su hijo cultive una relación con Dios en el culto familiar:

1. Incorpore a la oración el pasaje bíblico que fue leído y comentado en el culto familiar.

2. Lea en voz audible pasajes bíblicos sobre los beneficios de confesar los pecados y pedir perdón a otros.[26]

3. Use expresiones bíblicas de confesión, súplicas de perdón y petición.

4. Haga oraciones bíblicas por sus hijos. Enséñeles a mantener un diario de oración para anotar la guía y la dirección de Dios.

5. Conceda tiempo a sus hijos para orar por necesidades de la familia y de otros.

6. Invite a sus hijos a expresar cómo ha respondido Dios a sus oraciones.

Ejemplo de devoción en familia

Las devociones familiares no son un ritual fijo. Permita que el Espíritu Santo guíe el tiempo de adoración en familia. Para los que desean observar un orden para comenzar, considere el ejemplo dado más abajo tomado de *The Family Worship Book* , por Terry Johnson. El tiempo de culto familiar no tiene por qué durar más de 15 o 20 minutos. Un breve periodo cada día es más eficaz que una hora cada dos semanas.

1. Llame a adorar y orar para ensalzar los atributos de Dios.

    Pasajes de Escritura de alabanza
    Sal 145:18; Is 57:15a; Hab 2:20; Mal 1:11; Jn 4:24; Ro 12:1; Heb 12:28; Sal 8:1; Sal 19:1; Sal 24:1-2; Sal 90:1; Sal 95:6-7a; Sal 124:8; Ap 4:11; Éx 34:6b-7; 1 Cr 29:11-13; Stg 1:17; Ap 4:8b; Ef 1:3-6; Col 1:13-20; Ap 5:9, 10, 12, 13b; Sal 18:1-3; Sal 27:4,8; Sal 42:1-2a; Sal 46:1; Sal 63:1-4; Sal 84:1-4, 10-12

2. Canto de himnos/canciones de adoración y alabanza

    Himnos históricos
    Las letras, melodías y partituras de piano se pueden encontrar buscando títulos diferentes himnarios.

«Castillo fuerte es nuestro Dios»
«En la Cruz»
«Loores dad a Cristo el Rey»
«Sublime gracia»
«Cristo el Señor ha resucitado hoy»
«A Cristo coronad divino Salvador»
«Grande es tu fidelidad»
«¡Santo!, ¡Santo!, ¡Santo!»
«Oh, que tuviera lenguas mil»

3. Confesión de un credo o mandamiento

El Credo de los apóstoles
El Credo de Nicea
El Catecismo abreviado de Westminster
Los Diez Mandamientos: Éx 20:2-17 y Dt 5:6-21.
Las Bienaventuranzas (enseñanzas de Jesús): Mt 5:1-10.

4. Lectura bíblica y preguntas para la reflexión

http://www.biblegateway.com/
http://www.YouVersion.com

5. Aplicación de planes de lectura bíblica para aparatos móviles.

6. Oraciones de acción de gracias, confesión e intercesión

Confesión y Perdón
Éx 34:9; Nm 14:19; Nm 32:23; Sal 19:12-13; Sal 38:3b-4; Sal 51:1-17; Sal 69:5; Sal 79:9; Sal 130:3-4a; Sal 139:23-24; Dn 9:5, 8-11a, 17-19; Esd 9:6; Neh 9:33-34; Lc 15:21; Lc 18:13

Promesas de Perdón
Sal 32:1-2, 5; Sal 103:8, 10-12; Is 38:17b; Is 43:25; Is 53:5,6; Ro 5:1; Ro 8:1; Tit 3:5-7; 1 P 2:24; 1 Jn 1:8-9; 1 Jn 2:1-2

Peticiones
Líderes del gobierno y de la comunidad (1 Ti 2:1-2)
Ministerio cristiano (Mt 9:36-38)
Salvación (1 Ti 2:1-4)
Santificación (Ef 6:18; Fil 1:9-11; Col 1:9-11; Ef 1:15-23)
Sanidad (Stg 5:13-18; 2 Co 1:3-11)

7. Bendición

«Doxología» letras, melodías y partituras de piano (letras en inglés): http://www.hymsite.com/lyrics/umh095. sht «Gloria Patri» letras, melodías y partituras de piano (letras en inglés): http://www.hymsite.com/lyrics/umh070.sht
Bendición Aarónica: Nm 6:24-26
Bendición Apostólica: 2 Co 13:14

Pensamientos finales

¿Qué le está enseñando Dios acerca de la adoración en familia? Todos los padres cristianos, todos nosotros hemos descuidado de alguna manera el rol de sacerdotes, y quizás de muchas maneras. No obstante, si nos humillamos, el Señor desea perdonarnos y enseñarnos. Si usted desea cambiar el hábito del tiempo de devoción de su familia, confiese su debilidad al Señor y pídale que le ayude a establecer e inspirar la adoración familiar. Puede hacer una oración como ésta:

Querido Señor, sólo Tú eres digno de adoración. Gracias por comisionarme como padre con el privilegio de guiar a mi familia en adoración. Perdóname por haber fallado en conducir a mi familia en alabanza, por no enseñar tus caminos descritos en la Biblia y no haberles enseñado a orar. Me arrepiento de toda negligencia y me comprometo a esforzarme en este importante aspecto de la vida familiar. Por favor, enséñame y guíame como líder de adoración de nuestra familia. Amén.

Recursos adicionales

Alexander, James W. *Thoughts of Family Worship*. Morgan, PA: Soli Deo Gloria Publications, 1998.

Baucham, Voddie T., Jr. *Family Driven Faith: Doing What It Takes to Raise Sons and Daughters Who Walk with God*. Wheaton, Ill: Crossway Books, 2007.

Beeke, Joel R. *Family Worship*. Grand Rapids: Reformation Heritage Books, 2002.

Brown, Scott. *Family Reformation*. Wake Forest: Merchant Adventurers, 2009.

Henry, Matt. *A Church in the House: Restoring Daily Worship to the Christian Household*. San Antonio: The Vision Forum, 2007. (También disponible online en: http://andrewgroves.files.wordpress.com/2008/09/a-church-in-the-house-mathew-henry.pdf

Johnson, Terry L. *The Family Worship Book*. Geanies House, Great Britain: Christian Focus Publications, 1998.

Koelman, Jacobus. *The Duties of Parents*. Grand Rapids: Reformation Heritage Books, 2003.

Moore, E. Ray and Gail Pinckney Moore. *The Promise of Jonadab*. Greenville, Sc: Ambassador International, 2010.

Murray, Andrew. *Cómo criar hijos para Cristo*. Editorial CLIE, 1989.

CAPÍTULO 10

LA CELEBRACIÓN DE TRADICIONES FAMILIARES Y HERENCIA PIADOSA

El hogar es el seno en que se forma el conocimiento de Dios, de otros y del yo. El hogar cristiano es donde la providencia de Dios debe ser primeramente presentada y celebrada. En el contexto de las relaciones y tradiciones familiares se establecen fuertes vínculos que influyen a la salud del alma del niño y le proporcionan un sentido de propósito y de pertenencia. El establecimiento y celebración de tradiciones familiares profundizan la fe del niño en el ámbito de su herencia familiar. Las tradiciones familiares son costumbres, creencias, prácticas y relatos que se transmiten de generación en generación. Con frecuencia, están ligadas a acontecimientos especiales, como cumpleaños, aniversarios y festividades nacionales y religiosas. No obstante, pueden ser tan sencillas como el sentarse a comer juntos o mantenerse conectados mediante una conversación agradable. Cuando se celebran a través de los años, esas tradiciones evocan fuertes emociones y nos unen como familia a lo largo de nuestras vidas. El estilo de vida acelerado, cargado de ocupaciones, en el que muchos nos movemos nos ha robado el tiempo necesario para planear y preparar comidas y actividades para disfrutar tiempos familiares de calidad. Tal vez sea éste uno de los factores que han contribuido al hundimiento de la familia en nuestro país.

Dios es un Dios de recuerdos y de celebración. Esto se descubre estudiando su Palabra. Le agradan los festivales y las fiestas, por lo que instituyó siete fiestas en Israel que preconizaban la venida del Mesías y anunciaban su plan de salvación y redención. Ordenó estas festividades bíblicas como «estatuto perpetuo» para ser celebradas por todas las generaciones (Lv 23:14). El

tradición (n.) Transmisión de creencias, relatos, prácticas y costumbres de padres a hijos, o de antepasados a la posteridad.

contar los testimonios de Dios con nuestros hijos y celebrar el nacimiento, la muerte y la resurrección de Jesucristo cada año son esenciales para nuestra salud y crecimiento espiritual. En el Antiguo Testamento, después que Nehemías reconstruyera los muros de Jerusalén y el sumo sacerdote Esdras leyera la Ley a todas las familias israelitas, Nehemías convocó al pueblo a una celebración como recordatorio de la providencia y la misericordia del Dios viviente para con ellos.

> *También les dijo: Id, comed de la grosura, bebed de lo dulce, y mandad raciones a los que no tienen nada preparado; porque este día es santo para nuestro Señor. No os entristezcáis, porque la alegría del SEÑOR es vuestra fortaleza. Los levitas calmaron a todo el pueblo diciendo: Callad, porque el día es santo, no os entristezcáis. Y todo el pueblo se fue a comer, a beber, a mandar porciones y a celebrar una gran fiesta, porque comprendieron las palabras que les habían enseñado (Neh 8:10,12).*

El testimonio de las poderosas obras de Dios en el nacimiento de Israel como nación fue recopilado para beneficio de toda generación posterior. En efecto, Dios instó a los padres que contaran sus obras maravillosas a sus hijos y nietos, no fuera que el pueblo olvidara sus milagros y la mano poderosa en sus vidas y en la historia de

celebrar (v.) Alabar; exaltar; elogiar; honrar con ceremonias de gozo y respeto.

su pueblo. Cuando olvidamos su mano en nuestra vida e historia de la nación, nos convertimos en un pueblo ingrato y enfermo.

> *En parábolas abriré mi boca; hablaré proverbios de la antigüedad, que hemos oído y conocido, y que nuestros padres nos han contado.*

No lo ocultaremos a sus hijos, sino que contaremos a la generación venidera las alabanzas del SEÑOR, su poder y las maravillas que hizo (Sal 78:2-4).

En el Nuevo Testamento, los discípulos de Jesús celebraron su resurrección al término de la comida ágape semanal partiendo el pan y bebiendo de la copa de vino, como lo habían hecho en la Última Cena (Mt 26:26-29; 1 Co 11:24, 25). Esta costumbre es una manera de recordar el sacrificio de Cristo y de celebrar su vida, muerte y resurrección.

Recordamos la mano de Dios para con nuestra familia y nos alegramos con ella. Toda familia tiene una historia que debe ser contada. Dios es el maestro narrador, el autor de «su historia», y Él puso en cada ser humano amor por la narración. Los eventos especiales, los cumpleaños, y las celebraciones festivas o vacacionales nos proporcionan muchas oportunidades de contar nuestra historia y de mantener viva la tradición que hace a cada familia única y a cada uno de sus miembros especial. Esta es una manera de establecer tradiciones significativas y afectuosas. Forma parte del sentido de bienestar e integridad del niño para recordar y celebrar la herencia de su familia y para conocer los relatos que anteceden a los bienes heredados. Los bienes heredados son objetos que proporcionan apego personal a un miembro de la familia, amado y reverenciado, normalmente alguien ya desaparecido. Suelen transmitirse de generación en generación. Los aspectos simbólicos y repetitivos de la herencia, costumbres y tradiciones familiares esculpen valores, carácter étnico y sellan la importancia de los acontecimientos históricos en el corazón del niño.

> herencia (n.) La porción heredada, compartida y el estilo de vida heredado de nuestros antepasados.

Los niños guardan recuerdos memorables y les encanta pensar en actividades y comidas que experimentan en fiestas, festividades y celebraciones familiares. Estas tradiciones proporcionan recuerdos maravillosos de comunión gozosa que fortalecen tanto los vínculos familiares como la identificación del niño con la familia eterna de Dios. La participación en tradiciones y celebraciones familiares también enseña al niño a extenderse más allá de su propia familia para servir a otros en el vecindario y a la sociedad.

PRINCIPIO 1:
El encariñamiento con las tradiciones familiares debe ser deliberadamente inculcado en el hogar por padres y abuelos

Las tradiciones familiares dignas de ser recordadas y transmitidas a
la próxima generación deben ser deliberadamente planeadas y lleva-
das a cabo. No suceden por casualidad. Las antiguas familias judías
creían que «*herencia de Jehová son los hijos*» (Sal 127:3, RV60), por
lo cual, invertían mucho amor e instrucción en sus venerables tradiciones en cada fase de su desarrollo. E iniciaron tradiciones familiares aún conservadas por muchos judíos. Cuando nacía un niño,
los padres escogían un pasaje de Escritura que luego le enseñaban
a edad muy temprana. Los niños pequeños seguían a sus madres en
las festividades y aprendían las canciones y tradiciones de los días
de fiesta. La comida semanal del sábado, el encendido de la lámpara
sabática, la lectura de la Escritura y la separación de una porción de
levadura del pan del hogar son ejemplos sencillos de lo que el niño
judío aprendía en casa como herencia y tradición familiar. Conocemos la tremenda influencia que ejerció la tradición familiar en las
vidas de Moisés y Daniel, que aunque fueron educados en su niñez y
juventud en cortes paganas, se aferraron a las primeras influencias y
tradiciones de su infancia como líderes nacionales en ambientes ad-
versos. Esto fue fruto de la fiel y deliberada inversión de sus padres y
abuelos, quienes se tomaron en serio su rol de transmitir su herencia
piadosa y sus tradiciones familiares a hijos y nietos.

La vida cotidiana en el hogar es la fuente más importante de tradición familiar para formar la identidad del niño y fortalecer los vínculos familiares. Dios recibe honra en el hogar cuando las familias
disfrutan unidas para comer, celebrar devociones familiares, participar en juegos y actividades, hospedar a otros en casa y viajar en
familia. El compartir cada día el amor familiar en Cristo es la roca
firme de la vida del niño. Las tradiciones que los padres establecen
para sus propios hijos se transmiten cuando éstos se hacen mayores
se convierten en continuadores de aquellas tradiciones en sus propios hogares.

Aplicación de este principio en su vida

Considere estas ideas para enriquecer las tradiciones de la vida de su
hogar:

1. Siéntese con su cónyuge y conciba un plan anual para cultivar y celebrar su herencia familiar y la vida de cada uno de los miembros de su familia.

2. Planee al menos una comida diaria juntos para disfrutar de la compañía de los demás y orar unos por otros. Haga que la conversación sea agradable y estimulante. Toque temas que estimulen y hagan participar a los niños.

3. Mantenga un diario de oración familiar con las fechas de las peticiones de oración y las fechas en que fueron respondidas.

4. Lea a sus hijos grandes clásicos infantiles en voz audible después de la cena o antes de acostarse. Esta es una actividad que todos, pequeños y mayores, disfrutan y que edifica a todos.

5. Prepare fiestas de cumpleaños que celebren la individualidad de cada miembro de la familia. Hay cientos de maneras de apreciar y honrar a nuestros seres queridos que no cuestan dinero, como crear un calendario; hacer una representación sobre sus personas; escribir un cuento o poema acerca de ellos; cocinar un plato o postre favorito; o hacer algo con la familia que a él o a ella les encante. Ore siempre por la persona y pida que todos pronuncien una bendición sobre ella para el nuevo año que comienza.

6. Las mascotas dan oportunidad a los miembros de la familia de aprender la responsabilidad de cuidar de una u otra manera. También traen alegría y recuerdos jocosos para la familia

7. Las vacaciones ofrecen la oportunidad de celebrar la creación de Dios en familia y conocer la geografía, la cultura y la historia de una región. Pida a sus hijos que guarden un diario de su experiencia vacacional, o si todavía no saben leer y escribir, anote usted en el diario mientras él/ella le dicta lo más destacado del día. Entréguele un bloc de dibujo para guardar recuerdos visuales de los viajes.

8. La música, la artesanía y el arte enriquecen el hogar. Enseñe a sus hijos las destrezas que usted haya adquirido (tocar

un instrumento musical, coser, carpintería, pintura, etc.). Cuelgue una copia de un cuadro famoso cada mes y celebre el artista y su estilo. Haga veladas de lectura poética y pida a cada miembro de la familia que lea su poema favorito y comente por qué lo escogió. Celebren noches musicales en las que la familia se reúne en torno al piano para cantar, o de alguna manera disfrutar los dones y talentos que cada uno esté desarrollando. Si su hijo desea aprender a tocar un instrumento o un arte que usted ignora, busque a un amigo o miembro de su parentela para intercambiar enseñanza. Usted enseña a otro niño lo que sabe y el otro padre enseña a su hijo lo que él o ella sepan. Reúnanse con la otra familia para un recital conjunto o para mostrar lo que los niños están aprendiendo.

PRINCIPIO 2:
La celebración de la herencia familiar del niño enriquece su autoestima y le da a entender que Dios ha bendecido su linaje y le ha preparado para su vocación.

El niño se enriquece con las tradiciones iniciadas por sus padres, abuelos o antepasados. A los niños les encanta escuchar relatos de las vidas de sus padres y abuelos, así como de sus antepasados. «*Recuerda los días de antaño; considera las épocas del remoto pasado. Pídele a tu padre que te lo diga, y a los ancianos que te lo expliquen*» (Dt 32:7). La transmisión generacional de la fe y la sabiduría pasa a través de relatos y tradiciones familiares, recordando la relación de Dios con el linaje familiar. «*Se acordarán del Señor y se volverán a él todos los confines de la tierra; ante él se postrarán todas las familias de las naciones*» (Sal 22:27).

Aplicación de este principio en su vida

1. Sugiera que sus hijos se entrevisten con sus abuelos para hacerles preguntas concretas, como cuál era o cuál es su cuento favorito, qué era lo que más les gustaba hacer con su familia cuando eran pequeños, etc. Grabe la entrevista. Tome fotos. Dibuje retratos de los abuelos en sus casas. Escriba sus canciones, recetas y aficiones. Escriba una

historia o poema acerca de ellos después de la entrevista y elabore un cuaderno de recuerdos. Haga una representación de sus vidas para la familia.

2. Confeccione un árbol genealógico o linaje de antepasados y sucesos acontecidos en al menos cuatro generaciones. Investigue las ciudades y países donde nacieron y crecieron los miembros de la familia. Comente la contribución que los miembros de su familia hicieron a la comunidad o la nación. Planee una vacación familiar para visitar lugares concretos.

3. Muestre a sus hijos fotos suyas de cuando era niño, de su familia y sus antepasados. Confeccione un álbum de recortes con fotos e información acerca de los antepasados de la familia.

PRINCIPIO 3:
Las festividades cristianas de su país celebran la providencia de Dios más allá del linaje familiar a la herencia cristiana de su cultura

Los niños y los jóvenes del siglo XXI desconocen lastimosamente la historia de su país, especialmente por lo que se refiere a los poderosos hechos de Dios. No obstante, cada nación cuenta con una historia providencial singular, la historia de la revelación de Jesucristo a la nación, su preservación y sus acontecimientos históricos específicos. Muchas naciones han establecido tradiciones arraigadas en la historia de la iglesia que se celebran una vez al año, o en épocas especiales. Estos días proporcionan oportunidades especiales para que los niños conozcan que sus familias y ellos mismos forman parte del despliegue de la historia divina.

Aplicación de este principio en su vida

He aquí algunas ideas para celebrar tales ocasiones:

1. *Fiestas nacionales de tradición cristiana* (usando el ejemplo del día de Acción de Gracias en los Estados Unidos): los niños ya no aprenden la verdadera historia de Acción de Gracias en escuelas o colegios, de manera que este día

ofrece una magnífica oportunidad para que la familia lea o represente la historia de los peregrinos. Del mismo modo busque una celebración cristiana en su propio país Invite a solteros sin familia a su casa para la celebración. A la hora de la comida, cada persona puede escribir en un pedazo de papel aquello por lo que está más agradecida y después pida a los demás que dibujen y lean la alabanza de cada uno. Si se escribe anónimamente, resulta divertido adivinar a quién pertenece la acción de gracias que se está leyendo.

2.   *Navidad*: Lea o represente la historia de la Navidad. Considere la posibilidad de invitar a un padre soltero y su familia con quien celebrar la Navidad. Pregunte a Dios qué regalo puede dar a una familia de su comunidad que necesite ánimo y ayuda.

3.   *Nochevieja y Año Nuevo*: ¿Cómo recibe su familia el Año Nuevo? Pregunte a Dios, en la oración familiar, que le muestre sus prioridades para su familia para el año entrante. Pídale un pasaje de Escritura para el nuevo año que pueda ser memorizado. Comente periódicamente cómo Dios está cumpliendo su Palabra y dele gracias por lo que está haciendo. El Año Nuevo es también una buena ocasión para preguntar a Dios a qué persona o personas de la comunidad se debe ministrar en el año entrante.

4.   *Haga visitas a lugares históricos* locales, provinciales o nacionales, o a monumentos conmemorativos de tradición cristiana, campos de batalla, etc. Deténgase a orar por los líderes en esas regiones y tome tiempo para recordar lo que se haya aprendido.

Pensamientos finales

¿Qué ideas ha despertado Dios en su corazón para enriquecer tradiciones y celebrar la herencia de su familia? Dios conoce el inmenso desafío que tienen los padres del siglo XXI para mantener la cercanía y los vínculos de amor. Dios ve la fuerte presión que impulsa a padres e hijos en diferentes direcciones, y quiere fortalecernos y bendecirnos desde dentro. Dios anhela celosamente que estemos arraigados en su familia y se deleita con nosotros cuando procuramos identificarnos con Él. Ha provisto festividades y celebraciones para fortalecer el corazón y la fe de nuestra familia con gozo y recuerdos significativos. Yo resuelvo y me comprometo a establecer nuevas tradiciones. Si usted desea hacer lo mismo, no tiene más que pedir al Señor inspiración e ideas:

> Querido Padre, yo deseo establecer tradiciones que unan a nuestra familia en Cristo y preserven el gozo, la riqueza y la sabiduría de nuestra herencia bíblica y generacional. Te pido que concedas a nuestra familia tu plan y nos muestres cómo empezar. Te ruego que prepares el corazón de mi hijo/hija para disfrutar y ser enriquecido con las cosas que hagamos juntos cada día, así como en ocasiones especiales. Que tu presencia esté con nosotros mientras recordamos y celebramos nuestra herencia en Jesucristo y en nuestra familia. Amén.

Recursos adicionales

Rosen, Ceil and Moishe Rosen, *Christ in the Passover*. Chicago, Ill: Moody Bible Institute, 1978.

Samson, Robin and Linda Pierce. *A Family Guide to Biblical Holidays*. Shelbyville, Tn: Heart of Wisdom Publishing, 2001.

Wilson, Marvin R. *Our Father Abraham: Jewish Roots of the Christian Faith*. Grand Rapids: Eerdmans, 1989.

CAPÍTULO 11

EL AMOR Y EL SERVICIO A LOS DEMÁS

El valor fundamental en nuestro mundo caído es la abnegación. Si la principal ambición del hombre caído es ser servido y usar a los demás para gratificación personal, ¿es acaso extraño que muchos matrimonios se rompan y las familias se desgarren? Un matrimonio construido sobre un fundamento egoísta de servicio al yo es, desde luego, inestable. Completamente opuesto a los caminos caídos de este mundo, el principio trascendental del reino de Dios es el servicio amoroso a los demás. Dios mismo nos da ejemplo. Cuando Él revela su nombre a Moisés en el monte Sinaí, la primera palabra con que se autodefine es «compasivo» (Éx 34:6). Compasión es una palabra compuesta a partir de dos vocablos que significa literalmente sufrir (*pasión*) juntamente con otro. Esta disposición a servir, pagando un gran precio, se aprecia más claramente en la cruz. Dios entrega voluntariamente a su Hijo para servir y salvar a los perdidos. «*Por el contrario, se rebajó voluntariamente [Cristo], tomando la naturaleza de siervo y haciéndose semejante a los seres humanos. Y al manifestarse como hombre, se humilló a sí mismo y se hizo obediente hasta la muerte, ¡y muerte de cruz!*» (Fil 2:7-8). Jesús dijo de sí mismo: «*Porque ni aun el Hijo del hombre vino para que le sirvan, sino para servir* amor (n.) Afecto de la mente estimulada por la belleza y cualquier clase de valor. Entre ciertos parientes naturales, el amor parece ser en algunos casos instintivo. Tal es el amor de una madre por su hijo, la cual se manifiesta en su bebé, antes de que se desarrollen en él cualidades particulares.

comunidad (n.) Sociedad de personas que tienen derechos y privilegios comunes, o intereses civiles, políticos o eclesiásticoscomunes;convivencia bajo las mismas leyes y reglas.

y para dar su vida en rescate por muchos» (Mr 10:45). Como seguidores de Cristo, nos hemos beneficiado de su costoso servicio, y somos llamados a imitarle en nuestra relación con otros. No es de extrañar que éste sea el secreto de un matrimonio feliz y de una familia sólida. Cuando cada miembro da prioridad a las necesidades de los demás y les sirve en amor, resulta un matrimonio y una familia fuerte y gozosa.

Dios creó la familia para ser una comunidad dedicada al servicio de los otros. Los miembros de la familia han de servirse unos a otros y al Cuerpo de Cristo. Los hogares que temen a Dios han de funcionar como embajadas del reino de Dios en medio de un mundo caído. Las familias cristianas han de extenderse más allá de sí mismas y practicar la hospitalidad a los que la necesiten, a quienes Jesús describe como «el más pequeño de mis hermanos», en Mateo 25. El hogar cristiano debe ser un lugar de refugio y un remanso de paz —un centro de servicio amoroso a otros.

PRINCIPIO 1:
El amor de Cristo nos constriñe a amar y servir a otros

El poder del amor de Dios se revela en la Biblia, y de manera aún más clara en la cruz de Jesucristo:

> *«Pero Dios demuestra su amor por nosotros en esto: en que cuando todavía éramos pecadores, Cristo murió por nosotros»* (Ro 5:8).

> *«En otro tiempo vosotros estabais muertos en vuestras transgresiones y pecados…Pero Dios, que es rico en misericordia, por su gran amor por nosotros, nos dio vida con Cristo, aun cuando estábamos muertos en pecados. ¡Por gracia habéis sido salvados!»* (Ef 2:1-5).

> *«Porque tanto amó Dios al mundo, que dio a su Hijo unigénito, para que todo el que cree en él no se pierda, sino que tenga vida eterna»* (Jn 3:16).

No podemos granjearnos el favor de Dios por medio de nuestras buenas obras —la Biblia es absolutamente clara acerca de esta cuestión—. «*Porque por gracia habéis sido salvados mediante la fe; esto no procede de vosotros, sino que es el regalo de Dios, no por obras, para que nadie se jacte*» (Ef 2:8-9). En vez de ello, la salvación es enteramente obra de Dios a nuestro favor. Ya que mientras aún le éramos contrarios y estábamos muertos en nuestra pecaminosidad, Él tomo la iniciativa para reconciliarse con nosotros. Jesús vivió la vida perfecta que nosotros somos incapaces de vivir —y su justicia nos fue imputada—. Él murió para satisfacer el castigo que nosotros merecíamos por causa de nuestros pecados. En consecuencia, somos hijos amados por Dios y miembros de su familia solamente por gracia, mediante la fe en Cristo. Nuestra respuesta sólo consiste en aceptar el amor de Cristo como don gratuito y completamente inmerecido.

Puesto que Dios nos ama y nos acepta tan pródigamente por medio de Cristo, estamos obligados a amar y servir a otros. A decir verdad, nuestra vida debe rebosar el amor de Dios por otros. Ya no usaremos a los demás para cubrir nuestra necesidad de importancia o para llenar nuestro vacío. Todas estas necesidades, y muchas más, son cubiertas por el inconmensurable amor de Cristo por nosotros. Si nos apropiamos de esta asombrosa realidad, seremos libres para amar a otros, no por lo que podamos obtener a cambio, sino simplemente por gratitud, por lo que Dios ha hecho por nosotros. Entonces podremos cumplir el mandamiento: «*que os améis los unos a los otros*» (Jn 13:34), porque: «*En esto conocemos lo que es el amor: en que Jesucristo entregó su vida por nosotros. Así también nosotros debemos entregar la vida por nuestros hermanos*» (1 Jn 3:16). Seremos capaces de seguir el ejemplo de Jesús, que, aunque es Rey de reyes y Señor de señores, no «*…vino para que le sirvan, sino para servir y para dar su vida en rescate por muchos*» (Mr 10:45). Este amor radical, sacrificado, abnegado, es posible para los que reciben el amor incondicional de Dios, cuya identidad y cuyo propósito están profundamente implantados en su relación con Cristo. La iglesia Metodista Linwood de Kansas City, Missouri, ha confeccionado una lista del aspecto que debe ofrecer en la práctica el amor de los «unos por los otros». Véase el Apéndice I.[1]

Por tanto, el secreto de un matrimonio feliz y de una familia fuerte y unida se basa en el evangelio —en el amor pródigo, incondicional y abnegado que Dios nos tiene—. Su amor nos libra del egocentrismo para cubrir las necesidades de otros, comenzando con aquellos más cercanos: nuestra esposa e hijos.

Aplicación de este principio en su vida

1. Aparte un tiempo para charlar y orar con su cónyuge acerca de como es el caminar de su familia en amor los unos por los otros.

2. Pidan al Señor en familia el cultivar en su corazón el amor de Cristo por otros. Si usted nunca ha recibido la salvación por medio de Jesucristo, ¿está dispuesto a recibirla ahora mismo? Pida sencillamente a Dios perdón por sus pecados, y que Él derrame su amor en su corazón. Pídale que sea el Señor de su vida y de su familia. *«Si confiesas con tu boca que Jesús es el Señor, y crees en tu corazón que Dios lo levantó de entre los muertos, serás salvo»* (Ro 10:9).

PRINCIPIO 2:
Dios diseñó la familia para que fuera una comunidad de servicio

Dios desea que nuestras familias sean escuelas que cultivan el amor que sirve a los demás. Comienza en la relación entre marido y esposa y es enseñado a los niños por el ejemplo. El liderazgo del marido significa que él debe tomar la iniciativa para establecer una cultura de servicio en su hogar, comenzando por la forma en que trata a su esposa. En el reino de Dios, la supremacía o la autoridad se define por el servicio abnegado, no por el dominio. Se exhorta a los maridos: *«Esposos, amad a vuestras esposas, así como Cristo amó a la iglesia y se entregó por ella»* (Ef 5:25). El marido ha de servir abnegadamente a su esposa, lo que entraña *amarla* con la profundidad y anchura gloriosa que Cristo modeló. Ello entraña pastorear, proteger y proveer. En respuesta, la esposa ha de servir a su marido entregándose voluntariamente a su liderazgo, mostrándole honor y respeto, ayudándole a llevar a efecto su llamado vocacional y asumiendo el liderazgo en la administración del hogar.

Los niños criados en este ambiente aprenden el arte del servicio con el ejemplo, observando como sus padres dan prioridad a sus necesidades mutuas y cómo son servidos por sus padres. Los padres sirven a sus hijos amándoles incondicionalmente, protegiéndoles, proveyendo para sus necesidades, educándoles y disciplinándoles. A medida que van creciendo, los niños sirven a sus padres honrándoles, respetando su autoridad en el hogar y obedeciéndoles voluntariamente y de buena gana. Aun después de abandonar el hogar, los hijos sirven a sus padres honrándoles y cuidando de ellos. La última obra que hizo Jesús fue proveer para el futuro de su madre (Jn 19:25-27).

Pero, ¿cómo se reconcilia éste con otros pasajes de Escritura aparentemente contradictorios? A fin y al cabo, Jesús dijo: «*Si alguno viene a mí y no sacrifica el amor a su padre y a su madre, a su esposa y a sus hijos, a sus hermanos y a sus hermanas, y aun a su propia vida, no puede ser mi discípulo*» (Lc 14:26). ¿No dijo al discípulo que le pidió enterrar a su padre antes de seguirle: «*Sígueme... y deja que los muertos entierren a sus muertos*» (Mt 8:21-22)? Sería un error interpretar estos pasajes como una excusa para «aborrecer» o abandonar a nuestra familia, ya que esto sería una clara violación del recurrente mandamiento «*honra a tu padre y a tu madre*» (Dt 5:16), así como de buena parte de la enseñanza de Jesús acerca de este asunto (véase Mr 7:6-13). Jesús acentúa el importante punto de que en la jerarquía de nuestra devoción Dios es el primero. En comparación con la importancia de nuestra relación con Cristo, todas las demás relaciones, incluso con nuestra familia, deben empalidecer, por muy importantes que sean. Si esta jerarquía de relaciones está desordenada, las cosas irán excesivamente mal. Si hacemos de nuestra familia —de nuestro marido, esposa o hijos— un «dios», ellos serán incapaces de soportar el peso. Como seres humanos imperfectos, no son capaces de llenar «el vacío que deja Dios» en nuestro corazón. Dios debe ser adorado por encima de cualquier relación humana, lo mismo que, en la familia, el marido y la mujer deber dar prioridad a su amor mutuo por encima del amor a sus hijos.

Dios desea que esta cultura de servicio amoroso se extienda más allá del núcleo de relaciones entre marido, mujer e hijos. A partir de esta base, el servicio ha de fluir hacia afuera y abarcar a los miembros de la familia más amplia, el Cuerpo de Cristo, vecinos, e incluso extraños necesitados. En 1 Ti 5, Pablo exhorta a los cristianos que «*éstos aprendan primero a cumplir sus obligaciones con su propia familia y correspondan así a sus padres y abuelos, porque eso agrada a Dios*» (v. 4), y más adelante: «*El que no provee para los suyos, y sobre todo para los de su propia casa, ha negado la fe y es peor que un incrédulo*» (v.8). Note que en ambos pasajes el abanico del servicio se extiende más allá de la «familia inmediata», incluye a los «parientes» y se menciona específicamente a los abuelos. Lo que se desprende de éstos y otros pasajes es que Dios desea que la familia sea la red de seguridad social básica. Que las necesidades básicas de las personas sean primeramente cubiertas dentro de la parentela.

La historia de Rut, en el Antiguo Testamento, proporciona una hermosa ilustración. Una grave hambruna aflige a la nación de Israel, y la amenaza del hambre obliga a Elimélec, su esposa Noemí y sus dos hijos abandonar el país. Emigran al extranjero, a Moab, en busca de alimentos. Durante su exilio, sus hijos se casan con mujeres moabitas —una de las cuales se llama Rut—. La tragedia golpea a Noemí cuando su marido fallece repentinamente. Poco tiempo después, sus dos hijos también perecen. Ya viuda, se encuentra sola y empobrecida en una tierra extraña. Presa de desesperanza, intenta persuadir a sus dos nueras para que rehagan sus vidas y se vuelvan a casar; ella regresaría a Israel. Pero, movida por una profunda lealtad y un gran amor por su suegra, Rut escoge permanecer al lado de Noemí y viajar con ella a Israel. Después del viaje, llegan a una tierra que pertenece a Booz, pariente del marido de Noemí, «*un hombre rico e influyente*» (Rut 2:1). Booz se fija en Rut cuando ella espiga al caer la tarde. Trata a Noemí y a Rut con gran amabilidad y respeto. Las pone bajo su protección y provee para sus necesidades. A su debido tiempo, él y Rut se casan y tienen un hijo. En su nacimiento, las mujeres de la ciudad rodean a Noemí con cantos y regocijo: «*¡Alabado sea el Señor, que no te ha dejado hoy sin un redentor! ¡Que llegue a tener renombre en Israel! Este niño renovará tu vida y te sustentará en la vejez, porque lo ha dado a luz tu nuera, que te ama y es para ti mejor que siete hijos.*» (Rut 4:14-15). Rut y Noemí no quedan abandonadas, sino que pasan a estar bajo la tutela, la protección y la provisión de la parentela de Noemí en la persona de Booz.

Dios desea que la familia practique la beneficencia desde la base del hogar, tal como refleja la historia de Rut. Este rol crítico ha sido socavado en muchos países occidentales por los planes gubernamentales de bienestar social. Aunque con buena intención, estos planes han debilitado los vínculos familiares. En vez de dirigirse a sus familias en busca de ayuda, se anima a las viudas, los mayores o los padres solteros de esos países a refugiarse en el estado, que se ha convertido en una especie de familia sustituta. Pero las burocracias impersonales —y a menudo distantes— no pueden reemplazar el apoyo local, personal y abundante que Dios desea que proporcionen las familias. Las familias cristianas tienen que reclamar la responsabilidad que Dios les ha encomendado para servir a los miembros de la parentela en necesidad, en vez de dejarlos al cuidado de otros —o de confiar en los programas gubernamentales de bienestar social.

Aplicación de este principio en su vida

El Dr. Bob Moffitt, presidente de Harvest International, ha desarrollado una serie de temas titulados «Las disciplinas del amor». Bob asegura que esta herramienta se ha diseñado para ayudar a los seguidores de Cristo a demostrar en la práctica el amor de Dios sirviendo a otros. La imagen de Dios se refleja mejor en el hombre a través del servicio abnegado. Los creyentes deben ser más conscientes de la necesidad de reflejar personalmente el carácter de Cristo en cuatro áreas de interés (sabiduría, física, espiritual y social) en el mundo en que viven (familia, iglesia y comunidad).[2]

Esta herramienta puede ser muy útil para guiar a su familia en oportunidades de servicio, ya sea a su parentela, su iglesia local o su comunidad. (Véanse recursos adicionales al final de este capítulo.)

PRINCIPIO 3:
La familia ha de servir al Cuerpo de Cristo y al «más pequeño de los hermanos»

Dios desea que la familia sea una comunidad de servicio abnegado, no sólo para sus miembros, sino para el Cuerpo de Cristo más extenso y también para los que no forman parte de la iglesia, particularmente los que Cristo denominó «hermanos más pequeños» en Mateo 25. Estos incluyen los pobres y los menesterosos (el hambriento y el desnudo), el extranjero, el enfermo, las víctimas de la injusticia y los encarcelados. En Gá 6:10, Pablo instruye a todos los cristianos: *«Por lo tanto, siempre que tengamos la oportunidad, hagamos bien a todos, y en especial a los de la familia de la fe»* (énfasis añadido). La honorable esposa de Proverbios 31 «tiende la mano al pobre, y con ella sostiene al necesitado» (v. 20). Las familias centradas en Cristo están atentas a las personas necesitadas en sus vecindarios y comunidades, y buscan oportunidades de servirlas, demostrando el amor de Cristo de maneras concretas. Hacen esto sabiendo que el Dios que adoran es compasivo y sensible para con los pobres. *«Padre de los huérfanos y defensor de las viudas es Dios en su morada santa»* (Sal 68:5). *«Él librará al indigente que pide auxilio, y al pobre que no tiene quien lo ayude. Se compadecerá del desvalido y del necesitado, y a los menesterosos les salvará la vida. Los librará de la opresión y la violencia, porque considera valiosa su vida»* (Sal 72:12-14).

Las iglesias locales tienen también una obligación especial de cuidar del pobre en sus comunidades, pero la primera línea de defensa contra la pobreza es la familia. Las familias cristianas deben trabajar para asegurarse de que las necesidades básicas de sus miembros están siendo cubiertas, incluidos los miembros de la parentela.

Del mismo modo, las iglesias locales deben estimular la generosidad en el Cuerpo de Cristo y seguir el ejemplo de la iglesia primitiva descrito en Hechos 4:32-45: *«Todos los creyentes eran de un solo sentir y pensar. Nadie consideraba suya ninguna de sus posesiones, "sino que las compartían...no había ningún necesitado en la comunidad"»* (énfasis añadido). En 1 Ti 5, Pablo da un consejo muy útil a su protegido Timoteo acerca de cómo deben ser atendidos los pobres, primero dentro de la unidad familiar y luego en el Cuerpo de Cristo. *«Si alguna creyente tiene viudas en su familia, debe ayudarlas para que no sean una carga a la iglesia; así la iglesia podrá atender a las viudas desamparadas»* (v. 16). ¿Quiénes son esas viudas realmente necesitadas? Podemos inferir que son aquellas que ya no tienen familias que puedan cuidarlas.

Según la Escritura, las familias y las iglesias locales tienen la responsabilidad prioritaria de cuidar de los pobres. Aunque el estado, la beneficencia privada y las organizaciones de bienestar social pueden proporcionar ayuda adicional, no deben sustituir a la familia y a la iglesia local en su responsabilidad de servir a los pobres. Tales organizaciones tienden a prestar ayuda indiscriminada sin tener conciencia de primera mano de las necesidades o condiciones que atraviesa el pobre. Esto tiende a fomentar la dependencia, lo que a su vez, socava la dignidad del pobre y a menudo le deja en peor condición. Las familias y las iglesias locales están en una posición mucho más ventajosa de proporcionar ayuda real, porque conocen al pobre personalmente, por lo cual, son capaces de ofrecerle ayuda y apoyo distinguiendo entre los que deben recibir ayuda y los que merecen ser reprendidos. Vemos este principio, una vez más, en la instrucción que da Pablo a Timoteo sobre el rol de la iglesia local:

> *Reconoce debidamente a las viudas que de veras están desamparadas... En la lista de las viudas [para recibir ayuda de la iglesia] debe figurar únicamente la que tenga más de sesenta años, que haya sido fiel a su esposo, y que sea reconocida por sus buenas obras, tales como*

criar hijos, practicar la hospitalidad, lavar los pies de los creyentes, ayudar a los que sufren y aprovechar toda oportunidad para hacer el bien (1 Ti 5:3, 9-10).

En cambio, la viuda que se entrega al placer ya está muerta en vida (1 Ti 5:6).

Aplicación de este principio a su vida

Considere en oración cómo puede compartir con los pobres y necesitados los dones e intereses de su familia. Involucre a los niños con usted para servir a los invitados en su casa, y para ayudar en su vecindario y en su comunidad. He aquí algunas sugerencias prácticas:

1. Practique la hospitalidad. Abra su casa regularmente a otros y comparta una comida. Haga una lista de personas a las que pueden invitar, aparte de su iglesia, que incluya a otras personas de su vecindario, que tal vez no conocen al Señor u otros con necesidades especiales.

2. Como familia, identifique, hágase amigo y sirva a alguien de su iglesia o comunidad con una necesidad concreta por un periodo de tiempo. Podría ser:

    ⋅⋅ Una familia de refugiados.

    ⋅⋅ Una viuda o madre soltera.

    ⋅⋅ Un estudiante universitario lejos de su hogar.

    ⋅⋅ Una familia o persona con una enfermedad grave.

3. Para necesidades mayores y más prolongadas, organice con otras familias un «círculo de ayuda» para compartir la carga. Confeccione un calendario con otras familias para preparar comidas, hacer visitas y ofrecer otros tipos de asistencia.

4. Haga visitas misioneras familiares a zonas empobrecidas de su comunidad, ciudad o nación, o incluso a otros países.

5. Haga un «Proyecto de Siembra» como familia. Hagan de los Proyectos de Siembra una parte regular de su vida familiar. Integre esta actividad en sus tiempos de devoción familiar. (Véanse Recursos Adicionales al final de este capítulo.)

Pensamientos finales

¿Forma el amor al servicio parte de la cultura de su familia? ¿Le gustaría ver a su familia más comprometida en servir a otros? ¿Qué le gusta a su familia hacer unida para ayudar o bendecir a otros? ¿Qué destrezas tienen los miembros de su familia que podrían usarse para servir a otros? Pida a Dios su guía y su inspiración.

> Querido Jesús, gracias por dar tu vida para servirnos y enseñarnos que los actos amables, humildes y amorosos son la marca de la verdadera grandeza. Perdónanos cada vez que nuestra familia ha estado excesivamente ocupada en sus propias necesidades y deseos y no ha considerado las necesidades de otros. Enséñanos a priorizar nuestro tiempo como familia de manera que ordenemos nuestros afectos según tu corazón. Concédenos tu corazón de amor que procura el bienestar de otros tan encarecidamente que nos deleitemos en nuevas formas de amar a nuestros vecinos como a nosotros mismos. Amén.

Recursos adicionales

Miller, Darrow L. *Servanthood: The Calling of Every Christian*. Disponible en http://www.disciplenations.org.

Moffitt, Bob y Karla Tesch. *Si Jesús fuera alcalde: Cómo puede su iglesia local transformar su comunidad*. Disponible en http://www. disciplenations.org. Véase en particular la Parte 4: Tools for Transformation for specific and practical tools (i.e. Disciplines of Love and Seed Projects) que pueden usar como familia para amar y servir a otros.

Zeller, Penny. *77 Ways Your Family Can Make a Difference: Ideas and Activities for Serving Others*. Kansas City: Beacon Hill Press, 2008.

«Seed Projects.» Descarga gratis disponible en http://www.harvestfoundation.org.

«The Disciplines of Love.» Descarga gratuita disponible en http:// www.harvestfoundation.org.

APÉNDICE I

Una nota a los padres solteros y a la iglesia

La soledad de un padre o de una madre puede ser debida a la muerte de un cónyuge, servicio militar, divorcio, deserción o encarcelamiento. Si una mujer se queda embarazada fuera del pacto del matrimonio, puede adoptar la audaz elección de asumir la responsabilidad de ser madre soltera. Si usted es una madre o un padre solo o soltero, quizá se haya preguntado si las promesas de Dios para criar hijos piadosos están también a su disposición, como lo están para los padres casados. La respuesta es «sí y «amén» (2 Co 1:20).

No hay aflicción ni pecado tan profundo y oscuro que no pueda ser cubierto por la gracia de Cristo. La sangre de Jesús tiene todo el poder para redimir toda vida y toda familia destruida. Si el pecado de los padres ha sido la causa de la soledad de la madre o del padre, nuestro Dios misericordioso está deseoso de atender a nuestro arrepentimiento y darnos ayuda y consuelo. Él ofrece perdón de pecados por medio de Jesucristo a la madre o el padre que acepta su salvación y su Señorío. Por otra parte, la madre o el padre pueden encontrarse en esta situación, criando a sus hijos sin ser culpables. No importa cuáles sean las circunstancias que hayan provocado la ausencia del padre o de la madre, Dios quiere animarle con este consejo y promesa: «*Humillaos, pues, bajo la poderosa mano de Dios, para que él os exalte a su debido tiempo. Depositad en él toda ansiedad, porque él cuida de vosotros*» (1 P 5:7).

Como creyentes en Cristo, la Escritura nos enseña a mirar a Dios como nuestro Marido, Proveedor y Protector: «*Porque el que te hizo es tu esposo; su nombre es el SEÑOR Todopoderoso. Tu Redentor es el*

Santo de Israel; ¡Dios de toda la tierra es su nombre!» (Is 54:5). La promesa divina asegura: *«Padre de los huérfanos y defensor de las viudas es Dios en su morada santa»* (Sal 68:5). Él tiene un lugar especial en su corazón para los padres sin cónyuge y para los niños sin los dos padres. Por eso, en la Biblia, reafirma muchas veces a padres e hijos de familias disgregadas. Lea Éx 22:22–24; Dt 10:18; 27:19; Sal 10:14–18; Is 1:17; Lc 7:11–17; Hch 6:1–6; y Stg 1:27.

Los padres solos experimentan grandes retos, pero su fe en Cristo y su Palabra les permitirán vencer todos los obstáculos y criar hijos que aprendan los principios del reino y sean capaces de vencer ellos mismos. Lo que el enemigo planeó para destruir a la familia, Dios puede darle la vuelta y usarlo para edificar una familia de fe y carácter excepcional. Los padres solos que se rinden a Cristo y perseveran en la fe y en la práctica bíblica se regocijarán viendo a sus hijos servir al Señor como líderes en sus propias familias y comunidades. No obstante, Dios desea que sus hermanos y hermanas les ayuden a llevar la carga y se regocijen con ellos a cada paso (Gá 6:2; 1 P 4:13).

La iglesia es llamada familia de Dios. Él nos hizo familia para poder reflejar su gloria y su naturaleza. Los padres solos necesitan familias completas que les ayuden a cubrir muchas necesidades concretas y a tener comunión, compartir consejo y orar. No es ninguna vergüenza que una madre sola tenga que ser servida. Ni tampoco es un acto de mera generosidad. Tal servicio es la aplicación directa del evangelio; estaremos haciendo lo que el Padre en Cristo ha hecho por nosotros. Usted y yo estábamos muertos en el pecado, totalmente solos, incapaces de creer, desprovistos de justicia, del todo perdidos, completamente separados de Dios y sin ningún medio de salvar la distancia. Pero Dios extendió su amor misericordioso desde el cielo e intervino literalmente en este mundo. Por amor de su gloria, dejó atrás sus riquezas y abrazó la humana pobreza para de ese modo suplirnos todas las riquezas del cielo. Por esto Jesús pudo decir: *«Dichosos los pobres en espíritu, porque el reino de los cielos les pertenece»* (Mt 5:3). Si el Padre hizo esto por nosotros en Cristo, ¿cómo podremos nosotros hacer menos? Querida familia de la iglesia, decidamos tener por costumbre dar prioridad ofreciendo ayuda a los preciosos padres solos y a sus hijos.

Madres y padres solos, les bendecimos y les animamos a hacer de Habacuc 3:19 su propia confesión de fe. Practíquenlo diariamente, en tanto caminan con Dios, su Marido, y crían a sus hijos:

El Señor omnipotente es mi fuerza;
da a mis pies la ligereza de una gacela
y me hace caminar por las alturas.

APÉNDICE II

Una palabra dedicada a pastores y líderes de iglesias locales

Como pastor, anciano o líder de iglesia su misión principal es discipular a su país y participar en el discipulado de las naciones. Como este libro deja bien claro, esta misión es imposible sin matrimonios y familias sólidos. De ahí que hayamos escogido el título: *La familia, base fundamental de la nación*.

De ello se deduce, obviamente, que la edificación de matrimonios y familias fuertes debe ser prioritaria para los líderes de iglesia. Dios dio pastores y maestros a la iglesia «a fin de capacitar al pueblo de Dios para la obra de servicio, para edificar el cuerpo de Cristo…» (Ef 4:12). Esta instrucción o equipamiento es absolutamente necesario en el ámbito del matrimonio y la familia. Vivimos en unos tiempos en que la institución más básica que Dios ha establecido está al borde del colapso en muchos países. ¿Cómo hemos de responder? He aquí algunas sugerencias:

Arrepentiéntase. En parte, los matrimonios y familias de nuestros países se encuentran en graves apuros debido a que los líderes de iglesia han fallado en discipular a sus rebaños en esta área fundamental. En vez de discipular a las naciones basándose en la Palabra de Dios, las iglesias han «discipulado» con frecuencia observando las tendencias prevalecientes, no bíblicas, y las normas culturales del país. Por tanto, conviene sentir tristeza, lamentar este fracaso, arrepentirse y pedir a Dios perdón y misericordia.

¡Imparta la visión bíblica del matrimonio y la familia! Esto es esencial. Son cada vez más escazos la enseñanza bíblica sana y los

ejemplos vivos de matrimonios y familias saludables. Los mensajes culturales que bombardean a los creyentes tocantes a estos tópicos son casi completamente no bíblicos. A menos que los pastores imparten deliberadamente enseñanza sólida, bíblica, acerca de estos temas, muchos cristianos no tendrán idea de lo que enseña la Biblia, y mucho menos se inspirarán en la gran visión que Dios tiene para el matrimonio, la familia y el discipulado de las naciones.

No se limite a enseñar, sino sea un modelo. La gente aprende con el ejemplo. ¿Qué ejemplo está usted dando con su matrimonio? ¿Y con su familia? Asegúrese de que está activamente trabajando para aplicar y modelar estos principios según los enseña a otros.

Ponga el acento en los maridos y padres. Dios ha confiado a los hombres responsabilidades ineludibles de liderazgo en la familia. Los hombres tienen que ser instruidos y equipados para desempeñar este rol bíblica y efectivamente. Este discipulado tiene que ser fundacional, intencional y continuado. Todo marido y padre ha de ser enseñado. Esta enseñanza tiene que extenderse también a los futuros maridos y padres. Si el consejo prematrimonial existente no imparte la enseñanza bíblica nuclear sobre el matrimonio y la familia de una manera atractiva y comprensiva, entonces debe cambiar.

Honre el rol de liderazgo de los padres. En el presente, debido al hundimiento de la familia, muchos padres y madres no están acertando a cumplir sus responsabilidades de liderazgo. Las iglesias (muchas veces con la mejor de las intenciones) suelen agravar las cosas diciendo a los padres: «No se preocupen, nosotros educaremos y enseñaremos a sus hijos en su lugar», y diseñan su escuela dominical y sus programas juveniles para cubrir ese hueco. Ciertamente, hay lugar para las escuelas dominicales y los ministerios juveniles, pero ello no significa que éstos deban llevar a cabo la labor que los padres y las madres deben realizar en el hogar. En vez de ello, deben poner énfasis en discipular y equipar a los padres para poner en práctica los mandatos bíblicos. Lo mismo cabe decir de las esposas y madres.

Examine sus programas. Muchas iglesias segregan a las familias en niños, jóvenes, hombres y mujeres, de modo que reciban enseñanzas diferentes en contextos distintos. Si sus programas separan a las familias, considere el introducir cambios para que éstas puedan aprender y crecer juntamente. Es importante que las familias adoren y aprendan juntas el domingo por la mañana.

¡Declare y proclame! Únanse a otras Iglesias y organizaciones cristianas para defender y proteger la vida matrimonial y familiar que honra a Cristo en el contexto general de la cultura. Apoye activamente las iniciativas que combaten el divorcio, la cohabitación, el matrimonio homosexual, la violencia marital, la pornografía, el aborto y otras tendencias destructivas. Sea una voz que proclama la verdad bíblica tocante a asuntos como el matrimonio, la familia, la sexualidad y los niños. La gente tiene hambre de oír la verdad. Buscan esperanza en medio del desierto desolado del divorcio y el sexo premarital. La iglesia tiene la respuesta. No la esconda. Proclámela, no sólo en la congregación, sino en la nación entera.

APÉNDICE III

«Unos con otros y con Dios», del Nuevo Testamento

«Si me amáis, obedeceríais mis mandamientos» (Juan 14:15).

A continuación se facilita una lista de treinta mandatos del Nuevo Testamento que presentan una visión panorámica del carácter cristiano y cómo relacionarse cristianamente con otros. La práctica de «Unos con otros y con Dios»[1] inspirará relaciones interpersonales exitosas.

«Uno al otro»	Referencia en el Nuevo Testamento
1. Unos con otros	Este mandamiento nuevo os doy: que os améis los unos a los otros. Así como yo os he amado, también vosotros debéis amaros unos a otros. De este modo todos sabrán que sois mis discípulos, si os amáis unos a otros (Juan 13:34, 35).
2. Dependemos unos de otros	También nosotros, siendo muchos, formamos un solo cuerpo en Cristo, y cada miembro está unido a todos los demás [somos parte unos de otros y realmente dependemos unos de otros] (Ro 12:5, AMP).

«Uno al otro»	Referencia en el Nuevo Testamento
3. Amaos los unos a los otros	Amaos los unos a los otros con amor fraternal (Ro 12:10).
4. Alegraos unos con los otros	Alegraos con los que están alegres (Ro 12:15).
5. Llorad unos con otros	Llorad con los que lloran (Ro 12:15).
6. Tened el mismo sentir unos con otros	Vivid en armonía los unos con los otros. No seáis arrogantes, sino haceos solidarios con los humildes. No os creáis que sois los únicos que sabéis (Ro 12:16).
7. Preferíos unos a otros	Respetándoos y honrándoos mutuamente (Ro 12:10).
8. No os juzguéis unos a otros	Por tanto, dejemos de juzgarnos unos a otros. Más bien, proponeos no poner tropiezos ni obstáculos al hermano (Ro 14:13).
9. Aceptaos unos a otros	Por tanto, aceptaos mutuamente, así como Cristo os aceptó a vosotros para gloria de Dios (Ro 15:7).
10. Exhortaos unos a otros	Por mi parte, hermanos míos, estoy seguro de que vosotros mismos rebosáis de bondad, abundáis en conocimiento y estáis capacitados para instruiros unos a otros (Ro 15:14).
11. Saludaos unos a otros	Saludaos unos a otros con un beso santo (Ro 16:16).

«Uno al otro»	Referencia en el Nuevo Testamento
12. Esperaos unos a otros	Así que, hermanos míos, cuando os reunís para comer, esperaos unos a otros (1 Co 11:33).
13. Preocupaos los unos de los otros	Mientras que los más presentables no requieren trato especial. Así Dios ha dispuesto los miembros de nuestro cuerpo, dando mayor honra a los que menos tenían, a fin de que no haya división en el cuerpo, sino que sus miembros se preocupen por igual unos por otros (1 Co 12:24, 25).
14. Sed bondadosos unos con otros	Más bien, sed bondadosos… (Ef 4:32a).
15. Sed compasivos unos con otros	Sed… compasivos unos con otros, y perdonándoos mutuamente, así como Dios os perdonó en Cristo (Ef 4:32b).
16. Servíos unos a otros	Porque habéis sido llamados a ser libres; pero no os valgáis de esa libertad para dar rienda suelta a vuestras pasiones. Más bien servíos unos a otros con amor (Gá 5:13).
17. Perdonaos unos a otros	Por lo tanto, como escogidos de Dios, santos y amados, revestíos de afecto entrañable y de bondad, humildad, amabilidad y paciencia, de modo que os toleréis unos a otros y os perdonéis si alguno tiene queja contra otro. Así como el Señor os perdonó, perdonad también vosotros (Col 3:12, 13).

«Uno al otro»	Referencia en el Nuevo Testamento
18. Animaos unos a otros	Por eso, animaos y edificaos unos a otros, tal como lo venís haciendo (1 Ts 5:11).
19. Someteos unos a otros	Someteos unos a otros, por reverencia a Cristo (Ef 5:21).
20. Soportaos (toleraos) unos a otros	…Os ruego que viváis de una manera digna del llamamiento que habéis recibido, siempre humildes y amables, pacientes, tolerantes unos con otros en amor. Esforzaos por mantener la unidad del Espíritu mediante el vínculo de la paz (Ef 4:1-3).
21. Estimulaos unos a otros	Preocupémonos los unos por los otros, a fin de estimularnos al amor y a las buenas obras (Heb 10:24).
22. Sed hospitalarios unos con otros	Practicad la hospitalidad entre vosotros sin quejaros (1 P 4:9).
23. Ministrad vuestros dones unos a otros	Cada uno ponga al servicio de los demás el don que haya recibido, administrando fielmente la gracia de Dios en sus diversas formas (1 P 4:10).
24. Revestíos de humildad unos con otros	Revestíos todos de humildad en vuestro trato mutuo, porque Dios se opone a los orgullosos, pero da gracia a los humildes (1 P 5:5).
25. Ayudaos unos a otros	Ayudaos unos a otros a llevar las cargas, y así cumpliréis la ley de Cristo (Gá 6:2).

«Uno al otro»	Referencia en el Nuevo Testamento
26. No habléis mal unos de otros	Hermanos, no habléis mal unos de otros. Si alguien habla mal de su hermano, o lo juzga, habla mal de la ley y la juzga. Y si juzgas la ley, ya no eres cumplidor de la ley, sino su juez (Stg 4:11).
27. No os quejéis unos de otros	No os quejéis unos de otros, hermanos, para que no seáis juzgados. ¡El juez ya está a la puerta! (Stg 5:9).
28. Confesaos los pecados unos a otros	Confesaos unos a otros vuestros pecados (Stg 5:16a).
29. Orad unos por otros	…y orad unos por otros, para que seáis sanados. La oración del justo es poderosa y eficaz (Stg 5:16b).
30. Tened comunión unos con otros	Pero si vivimos en la luz, así como él está en la luz, tenemos comunión unos con otros, y la sangre de su Hijo Jesucristo nos limpia de todo pecado (1 Jn 1:7).

NOTAS

Capítulo 1

1   Noah Webster, *American Dictionary of the English Language* (1828 facsimile ed). (San Francisco, Calif: Foundation for American Christian Education, 1967).

2   Steven Davis, *God, Reason, and Theistic Proofs* (Grand Rapids: Eerdmans Publishing Company, 1997), 8.

3   *Webster's Encyclopedic Unabridged Dictionary of the English Language,* based on the first edition of The Random House Dictionary of the English Language, the Unabridged Edition, copyright © 1983.

4   *Collins English Dictionary* - Complete & Unabridged 10th Edition, 2009 © William Collins Sons & Co. Ltd. 1979, 1986 © HarperCollins Publishers 1998, 2000, 2003, 2005, 2006, 2007, 2009.

5   Phillip E. Johnson, prólogo a *La verdad total: Liberación del cristianismo de su cautividad cultural,* por Nancy Pearcey (Tyler, Texas: Editorial JUCUM, 2014).

6   Nancy Pearcey, *Saving Leonardo: A Call to Resist the Secular Assault on Mind, Morals and Meaning* (Nashville: B&H Publishing Group, 2010), 14.

7   Ibid., 9.

8   Richard Fry and D'Vera Cohn, «Living Together: The Economics of Cohabitation,» Pew Research Center Social and Demographic Trends, June 27, 2011, 1, http://www.pewsocialtrends.org/2011/06/27/living-together-the-economics-of-cohabitation/.

9   D'Vera Cohn, «Love and Marriage,» Pew Research Center Social and Demographic Trends, February 13, 2013, http://www.pewsocialtrends.org/2013/02/13/love-and-marriage/.

10 «The Decline of Marriage And Rise of New Families,» Pew Research Center Social and Demographic Trends, November 18, 2010, 1, http://www.pewsocialtrends.org/2010/11/18/the-decline-of-marriage-and-rise-of-new-families/.

Capítulo 2

1   Microsoft Office Word 2007, © 2006 Microsoft Corporation.

2   Webster.

3   E. Stanley Jones, *Vida victoriosa* (Editado por Librería El sembrador, Santiago de Chile 1943).

4   John Piper, *Pacto matrimonial: Perspectiva temporal y eterna* (Tyndale House Publisher, Inc, Carol Stream, Illinois).

5   La homosexualidad en la Escritura se contempla continuamente como una abominación, consecuencia de la rebelión del hombre contra Dios y contra el orden de su creación (véase Ro 1:18-27).

6   Douglas Wilson, *Reforming Marriage* (Moscow, ID: Canon Press, 2012), 16.

7   G.L. Archer Jr., «Covenant,» *Evangelical Dictionary of Theology, Second Edition* (Grand Rapids: Baker Book House Company, 2001), 299.

8   Piper, 24-26.

9   Piper, 30.

10   1 Co 7:39; 2 Co 6:14.

11   Douglas Wilson, 44.

12   Piper, 25.

13   Piper, 24-26.

14   «Born Again Christians Just As Likely to Divorce As Are Non-Christians,» The Barna Group, September 8, 2004, http://www.barna.org/barna-update/article/5-barna-update/194-born-again-christians-just-as-likely-to-divorce-as-are-non-christians?q=divorce.

15   http://www.marriagesavers.org.

16   http://www.2equal1.com.

17   Wayne Grudem, *Politics According to the Bible* (Grand Rapids: Zondervan, 2010), 221.

18   «Marriage Provides Better Health,» National Marriage Week USA, http://www.nationalmarriageweekusa.org/research/articles/9-marriage-provides-better-health.

19   Piper, 17.

Capítulo 3

1   J. I. Packer, *Teología concisa: Una guía a las creencias del cristianismo histórico* (Editorial Unilit 1998).

2   Philip Lancaster, *Family Man, Family Leader: Biblical Fatherhood as the Key to a Thriving Family* (San Antonio: The Vision Forum, Inc, 2003), 127-128.

3   Piper, *Pacto matrimonial.*

4   Lancaster, 65-67.

5   Simone Weil, *Echar raíces* (Editorial Trotta, 1996)

6   Piper, 78.

7   Lancaster, 127-128.

8   Nancy Wilson, *Praise Her in the Gates: The Calling of Christian Motherhood* (Moscow, ID: Canon Press, 2000), 44.

9   Lancaster, 135-136.

10   Ibid, 244.

11   Piper, 89.

12   Rosalie J. Slater, *Teaching and Learning America's Christian History: The Principle Approach* (San Francisco: Foundation for American Christian Education), 69.

13   Ibid, 91.

14   Lancaster, 94.

15   Piper, 90.

16   Ibid, 89.

17   *Opresión de la mujer, pobreza y desarrollo: Vindicación de la dignidad de la mujer para construir naciones sanas* (Tyler, Texas: Editorial JUCUM, 2012).

18   Packer, 230.

19   Piper, 101.

20   Nancy Wilson, *Praise Her in the Gates*, 48.

21   Miller, 146.

22   Packer, 232.

23   Véanse Pr 5:23; 13:24; 22:15; 23:13,14; 29:15; Heb 12:6; 9-11; y Ap 3:19.

Capítulo 4

1   Lancaster, *Family Man, Family Leader*, 6.

2   Ibid, 15-16.

3   *Webster's Encyclopedic Unabridged Dictionary*, 1983.

4   Grudem, *Politics According to the Bible*, 40-41.

5   Nancy Wilson, *Praise Her in the Gates*, 19-20.

6   Un recurso útil para estudiar este tema se encuentra en John Piper, *What's the Difference: Manhood and Womanhood Defined According to the Bible* (Wheaton: Crossway, 2009).

7   Sal 127:3-5; Mt 19:13-14.

8   Consúltese http://www.deomgraphicwinter.com for a sobering overview of recent demographic trends.

9   Consúltese the *World Factbook* published by the U.S. Central Intelligence Agency at https://www.cia.gov/library/publications/the-world-factbook/rankorder/2127rank.html.

Anguilla	1,75
Aruba	1,84
Barbados	1,68
Bermudas	1,97
Brasil	1,82
Islas Cayman	1,87
Chile	1,87
Costa Rica	1,92
Cuba	1,45
Nicaragua	2,08
Paraguay	2,06
Puerto Rico	1,64
Saint Kitts y Nevis	1,79
Saint Lucía	1,8
Trinidad y Tobago	1,72
Islas Turks y Caicos	1,7
Estados Unidos	2,06
Islas Vírgenes	1,78

10   Lancaster, 130-131.

11   Lancaster, 147.

12   Packer, *Teología concisa.*

13   Lancaster, 140-141.

14   Albert Mohler, «America's Educational Crisis–A Christian Response,» August 17, 2004, http://www.albertmohler.com/2004/08/17/americas-educational-crisis-a-christian-response/.

15   Lancaster, 142.

16   Packer, 233.

17   Lancaster, 148.

Capítulo 5

1   Webster.

2   El vocabulario y el uso de la lengua cambian con el tiempo, pero la Biblia no sugiere que el lenguaje humano haya evolucionado de sonidos animales. Dios habló a Adán después de crearlo y éste entendió y puso nombre a las cosas creadas.

3   Stg 3:5, 6; 4:4.

4   John Piper and Justin Taylor, eds., *El poder de las palabras y las maravillas de Dios* (Editorial Peniel, 2012).

5   Mt 5:3-11.

6   James Strong, *Nueva concordancia exhaustiva de la Biblia Strong* (Grupo Nelson, 2002).

Capítulo 6

1   Mt 18:1-5.

2   *The World Factbook*, Central Intelligence Agency, https://www.cia.gov/library/publications/the-world-factbook/rankorder/2127rank.html

3   Gn 1:27.

4   Gn 11:30.

5   Gn 15:4-5.

6   Gn 1:26.

7   1 Jn 2:12.

8   Gá 4:3; Ef 4:14; Pr 1:4.

9   Jer 1:6.

10   Sal 139:14-15.

11   Jer 4:31; Is 11:8; Is 28:9; Est 3:13; Sal 8:2; 1 S 17:56; Pr 1:4; Sal 10:14; Is 9:6; Is 31:8.

12   1 R 13:1-3.

13   Jer 1:4.

14   2 R 22:1.

15   Ro 5:12.

16   Jn 3:16.

17   Ef 1:17-18.

Capítulo 7

1   En Estados Unidos, más del 85 por ciento de padres cristianos inscriben a sus hijos en escuelas públicas/estatales.

2   Pr 1:7; Ec 12:13.

3   Marvin Wilson, *Our Father Abraham* (Grand Rapids: Eerdmans, 1989).

4   «What Is the Torah?» About.com, http://judaism.about.com/od/judaismbasics/a/What-Is-The-Torah-Chumash.htm.

5   Dt 11:18.

6   Bob Moffitt, «Luke 2:52 and Human Development,» sermon guide available at http://harvestfoundation.org.

7   Mr 6:3.

8   Lc 2:51.

9   Lc 2:49.

10   Arthur Dicken Thomas, Jr., «Profiles in Faith: Susanna Wesley,» Knowing and Doing, Winter 2003, 1, http:// http://www.cslewis-institute.org/webfm_send/499.

11   Hugh Price Hughes, *The Journal of John Wesley* (Chicago: Moody Press, 1951).

12   Ibid.

13   James Rose, *A Guide to American Christian Education* (Camarillo: American Christian History Institute, 1987), 92.

Capítulo 8

1   Webster.

2   Tedd Tripp, *Cómo pastorear el corazón de su hijo* (Poiema Publicaciones, 2011).

3   Neh 7:3.

4   Jn 10:10.

5   Gn 2:7.

6   Ro 8:15-16.

7   Andrew Murray, *Cómo criar hijos para Cristo* (Editorial CLIE, 1989).

8   Lc 6:27-28.

9   Pr 9:10.

10   Ap 13:18.

11   Is 11:2.

12   Dn 1:4.

13   Dn 1:17.

14   Heb 12:9, Ef 6:4, Col 3:21.

15   Heb 12:10.

16   Webster.

17   Hanah More, *Hints Towards Forming the Character of the Young Princess* (India: Mallock Press, 1805, reprint 2010), 41.

18   Heb 13:5-6.

19   Heb 13:7.

20   Mt 20:25-28.

21   *Character Sketches* (Oakbrook: Institute in Basic Life Principles, 1978).

22   Elizabeth L. Youmans, Evie Tindall, and Helen E. Wood, «La fantasia y la Imaginación,» *AMO® Manual del Maestro: Principios de educación cristiana para discipular naciones* (Orlando: Chrysalis International, 2011).

23   2 Co 3:18.

24   Alexander Thomas and Stella Chess, *Temperament and Development* (Oxford: Brunner/Mazel, 1977), 21-22.

25   Ef 2:10.

26   1 Ti 3:2; 1 Ti 3:11; Tit 2:2.

27   Dn 1:4.

28   Sal 136:5.

29   Mishnah, Kiddushin 4:14; Mt 13:55; Mr 6:3

30   Pr 31:13-24.

31   1 S 18:6; Lc 15:25.

32   1 Co 12:7.

33   1 Co 13:1-2.

34   1 Co 14:12.

35   Chuck Colson, «Any Ol' World View Won't Do,» Jubilee Newsletter Vol. IX, No. 8, September 1996, http://www.baptistbanner.org/Subarchive_8/896%20Any%20Ol'%20World%20View.htm.

36   Dan Smithwick, «Where Are We Going,» Nehemiah Institute, August 1, 2008, http://www.nehemiahinstitute.com/articles/index.php?action=show&id=35.

37   Ro 12:2.

38   Voddie Baucham, *Family Driven Faith* (Wheaton: Crossway, 2007), 74.

39   Philip Carrington, *The Primitive Christian Catechism* (Cambridge: University Press, 1940), 13.

40   Charles Colson and Nancy Pearcey, *Ahora... Cómo viviremos?* (Editorial Unilit, 1999).

41   http://www.thetruthproject.org/.

42   Léase el capítulo 2 para un comentario más detallado de los roles, características y funciones del hombre y de la mujer.

43   Mt 19:5-6, Mr 10:6-8.

44   Ef 5:31, 1 Co 6:16.

45   Sal 139:13.

46   Gá 3:28.

47   1 Co 6:9-11, Is 53:4-5, Mt 8:16-17, 1 P 2:24.

48   Neh 9:38.

Capítulo 9

1   Gn 1:27.

2   Gn 4:8.

3   Gn 15-17.

4   Hch 3:25.

5   Éx 12:1-12.

6   1 Co 5:7.

7   Gn 22:1-13.

8   Gn 26:25; 35:1-7.

9   Webster.

10 Jn 14:15.

11 Timothy Keller, *Dioses falsos: La hueca promesa del dinero, el sexo y el poder; y la única esperanza verdadera* (Editorial Vida).

12 Sal 97:7.

13 1 Ti 6:10.

14 Dn 3:5; 2 R 10:19; Is 44:15.

15 Hab 2:19.

16 En algunas culturas, éstos pueden incluir altares o ídolos físicos reales (imágenes, símbolos, arte) que deben ser destruidos. Consúltese Dt 12:3; 2 R 23:13; Sal. 101:3; Jer.16:18.

17 Sal 50:23a.

18 Col 3:16.

19 Sal 22:3.

20 Stg 4:8.

21 1 Co 14:26.

22 1 Co 15:3-4.

23 Is 55:9.

24 Ro 12:2.

25 Jn 11:42.

26 Stg 4:2b, 26; Stg 5:16; 1 Jn 1:9; 1 Jn 5:14-15; Sal 66:18; Mt 7:7-8; Lc11:13, Jn 14:13-14; Fil 4:6-7; Heb 4:15, 16; Heb 10:19-22.

Capítulo 10

1   Elizabeth L. Youmans, *AMO® Manual del Maestro* (Orlando: Chrysalis International, 2011). 171-72.

Capítulo 11

1   Bob Moffitt, The Discipline of Love lesson overview, http://harvest-foundation.org/503746.ihtml.

Apéndice III

1   Bob Moffitt, The Discipline of Love lesson overview, http://harvest-foundation.org/503746.ihtml.

2   La lista fue identificada con el título de «Unos a otros y a Dios», por la Iglesia Metodista de Linwood de Kansas City, MO. *AMO® Manual del Maestro: Principios de educación cristiana para discipular naciones* (Orlando: Chrysalis International, 2011). 171-72.

ACERCA DE LOS AUTORES

Dra. Elizabeth L. Youmans

Elizabeth ha servido a la educación cristiana estadounidense como maestra, administradora escolar, instructora de maestros, compiladora de currículos y editora del Noah Plan®, currículo K-12 de la Perspectiva de los Principios. Con más de 20 años de experiencia pionera en educación bíblica a nivel local y nacional, Elizabeth imparte actualmente una reforma educativa internacional propugnando la enseñanza y el aprendizaje sobre el fundamento de Cristo y su Palabra, desempeñando roles como fundadora y presidenta de Chrysalis International (instituto de educación cristiana), y como creadora, escritora y editora del Programa AMO®, a la vez plan de instrucción en cosmovisión para adultos y currículo enriquecido para niños, en inglés, español, portugués y francés. Es madre de cuatro hijos ya mayores y abuela de siete encantadores nietos. Actualmente reside en Orlando, Florida, y es miembro de la iglesia presbiteriana de St. Paul.

Dra. Jill C. Thrift

Jill es educadora; cuenta con un bagaje de 40 años de experiencia acumulada en la relación padres-hijos y el desarrollo de la primera infancia en la familia. Ha servido como maestra preescolar, supervisora de jardín de infancia, instructora de maestros, consultora de educación bilingüe, profesora de universidad, investigadora del desarrollo infantil, pastora asociada, intercesora, y abogada de políticas públicas para proteger y educar a los niños y las familias. Ha vivido en España, México y Perú y ama los países hispanos. Ha sido docente en facultades universitarias o centros académicos como la Universidad de Texas-Austin (Educación de la Primera Infancia); Universidad de Houston (Departamento de Desarrollo Humano y Estudio de la Familia); Universidad de Texas-San Antonio (Educación de la Primera Infancia); y Universidad de Texas (Centro de Pediatría y Ciencias de la Salud de San Antonio). Como madre soltera de un hijo ya mayor, se identifica con los padres cristianos que crían solos a sus hijos. Actualmente es consultora educativa, maestra y escritora, y reside en San Antonio, Texas.

Scott D. Allen

Scott es presidente de la Secretaría General de la Disciple Nations Alliance. Después de diplomarse en historia y pedagogía por la universidad de Willamette (Salem, Oregon) en 1988, Scott se incorporó a FHI, Fundación contra el Hambre, organización en la que ha prestado servicio en Japón y Estados Unidos hasta 2007, en el departamento de recursos humanos, y como formador de personal y administrador de programas. Junto con Darrow Miller y Bob Moffitt, Scott ayudó a fundar la Disciple Nations Alliance en 1997. Es autor y coautor de varios libros, entre otros *The Forest in the Seed: A Biblical Perspective on Resources and Development*; *El plan singular de Dios para las naciones*, *El Reino inconmovible de Dios*, *La cosmovisión del Reino de Dios*, y *Entre lo sagrado y lo secular* (Hacia una vida y ministerio holísticos). Scott reside con su esposa Kim y sus cuatro hijos en Phoenix, Arizona.

RECONOCIMIENTOS

Este libro no habría salido a la luz sin la sabiduría, el apoyo y el estímulo de muchas personas. Gracias de una manera especial a Gary Brumbelow, nuestro dotado, humilde y esforzado editor, que dedicó muchas horas a pulir nuestras contribuciones respectivas a este manual con destreza y atención esmeradas. Gary, conservaste tu humor hasta el final y fuiste un don especial para nosotros.

También queremos dar las gracias a nuestro amigo Rick Lane, extraordinario animador, y «perro labrador» para Cristo. Rick creyó en la importancia de este libro desde el principio, ayudó a financiarlo y nos empujó cuando las cosas se atascaron. También hemos sido bendecidos por Viviana Velie y la Editorial JUCUM, nuestra casa editorial en español, cuya fe en la importancia de este libro para el mundo de habla hispana nos ayudó a perseverar en un tiempo particularmente difícil.

Scott desea dar las gracias a Elizabeth y Jill, coautoras con él. Ha sido un gran honor y gozo trabajar codo con codo en este proyecto con mujeres tan apasionadas, sabias y piadosas. También quiero dar las gracias a mis amigos de la Disciple Nations Alliance, Bob Moffitt, Dwight Vogt, Stephen Langa y Hein Van Wyk, y particularmente a mi viejo amigo y mentor Darrow Miller, quienes creyeron en el proyecto y me animaron a lo largo del camino. También tengo deuda contraída con mi esposa Kim, a quien amo con todo mi corazón. Su pasión de búsqueda de Dios en el matrimonio y la familia ha provocado un impacto profundo en mi vida. Su visión de educar en casa a nuestros cinco hijos: Kaila, Jenna, Luke, Isaac y Annelise, ha sido una gracia notable para mí y para los niños. Dios ha usado a mi familia de muchas más formas de las que puedo expresar para enseñarme en qué consiste el matrimonio bíblico y la paternidad. También quiero dar las gracias a mis padres, Dale y Margaret, a quienes amo profundamente. Ellos me han regalado el don verdaderamente incalculable de acertar a modelar un matrimonio piadoso.

Soli Deo Gloria

Scott D. Allen

Acerca de Chrysalis International

Chrysalis International, Inc. (http://www.chrysalisinternational.org) es un instituto educativo sin ánimo de lucro que forma líderes cristianos en los países llamados a romper el ciclo de ignorancia y escasez de ideas bíblicas en la Iglesia y enseña el conocimiento y la aplicación de los principios bíblicos de educación y autogobierno para transformar la cultura para Cristo; además, publica recursos editoriales como AMO®, con un bien abastecido currículo basado en los principios que hacen posible la formación integral del niño en la belleza, la verdad y la bondad moral. Nuestros cursos de formación, tanto online como presenciales, se basan en un modelo de desarrollo de naciones que coloca el cimiento de Cristo y su Palabra como fundamento para renovar la mente, formar la mentalidad cristiana bíblica e inspirar una visión renovada para transformar la persona, la familia y la sociedad.

Acerca de la Disciple Nations Alliance
Alianza para el Discipulado de las Naciones

La Disciple Nations Alliance (http://www.disciplenations.org/) es un movimiento constituido por individuos, iglesias y organizaciones aglutinados por un objetivo común: *Que la Iglesia universal se levante hasta alcanzar su pleno potencial como instrumento de Dios para propiciar la sanidad, la bendición y la transformación de las naciones.* La DNA opera para desarrollar, promover y distribuir una «escuela de pensamiento» y herramientas de aplicación que giran en torno a tres temas interrelacionados: (1) El rol crucial y estratégico de la Iglesia en la sociedad, (2) el poder de la verdad bíblica para fomentar la transformación cultural y social, y (3) la necesidad de que las iglesias practiquen un ministerio holístico y personificado. La DNA también opera para descubrir, instruir y conectar estratégicamente a líderes emergentes y contrastados para desarrollar modelos de base y aplicarlos en el mundo real.